JN299012

定窯瓷

中国名窯名瓷シリーズ ❻

鑑賞と鑑定

Foreword

Chinese ceramics have a long and venerable history, and have been treasured by many people over the ages. Around the world, a large number of researchers have dedicated themselves to collecting and researching these ceramics. Particularly over the past several decades, as the Chinese government has become more cooperative regarding research of historical records and preservation of ancient ceramics, related organizations have conducted successive excavations of ancient kiln sites, and significant results have been attained. Materials uncovered by new excavations have filled in the blanks in our knowledge of ceramic history; this new information from the original sources has made it easier to solve a number of riddles that have traditionally arisen in the research and appreciation of historical ceramics.

To answer these modern needs, Jiangxi Art Publishing House has published the "Encyclopedia of Appreciation and Appraisement of Ceramic Masterpieces from the Great Kilns" (*Meiyo Meiji Kansho Kantei Sosho.*) The editorial policy of this encyclopedia is to categorize ancient ceramics according to the various great kilns and their derivatives, and ask experts in each field to contribute essays on the appreciation of these works. This is an important attempt to categorically introduce the great kilns and great ceramics since the Song and Tang Dynasties. The essays contributed are based on accurate information, which is thoroughly analyzed and carefully considered. Compared to the numerous existing manuals on appreciation of ancient ceramics, this edition is unrivalled in terms of its approach to the issues and its comprehensive content. Readers interested in the appreciation of ancient ceramics can learn about a specific kiln and its derivatives, gradually broadening the scope of their investigation. This is one ideal way to comprehend the great depth of the field of ancient ceramic appreciation.

Since this text was published in China, it has won the acclaim of many readers, and researchers of old Chinese ceramics regard it as an extremely important scientific manual. Now the Japanese edition has been published by Nigensha, Publishing Co Ltd,.

In Japan which has deep ties to the world of Chinese culture. Publishing the results of the latest research into Chinese ceramic history will give Japanese researchers and aficionados access to a variety of reference material, which will undoubtedly lead to a lively discussion of relevant issues. The publication of the Japanese edition of this text represents a new page in the history of Japan-China relations in the 21st century, a development that gives us great pleasure. It is our hope that the friendship between our countries will continue to deepen in future generations.

Geng Baochang
Research Fellow of Palace Museum,Beijing

序

　中国陶瓷には悠久の歴史がある。古陶瓷は人々を魅了し、広く親しまれてきた。中国のみならずひろく世界に、生涯を陶瓷器の収集に注ぎ、さらに広く捜し求めて研究に没頭した研究者は少なくない。ここ数十年、文物の研究と保護等についての中国政府の理解が深まるにつれ、関連各部門による古窯址の発掘調査が相次いで行われ、相当の成果を上げている。新たに出土した資料によって、従来の欠落が補われ、古陶瓷の研究や鑑賞につきまとってきたさまざまな疑問が、こうした第一次資料の増加によって容易に解決されるようになってきた。

　江西美術出版社は社会のニーズに応え、『名窯名瓷鑑賞鑑定叢書』の刊行を企画した。編集の方針として古陶瓷を各々の名窯とその窯系に分類し、各方面の専家に古陶瓷鑑賞についての著述を依頼した。これは唐宋以来の名窯名瓷を系統的に紹介する貴重な試みといえるだろう。寄せられた原稿はいずれも的確な資料に基づくもので、論述は周到を極め、精緻に考察されていて、現今巷にあふれている鑑賞の手引きなどに比べると、問題の捉え方、内容の充実度ともに比類のないものといえる。古陶瓷の鑑賞に興味のある人が、一つの窯とその窯系を学び、それを手がかりとして次第にその対象を広げ理解を深めていくということも、古陶瓷鑑賞の奥義に至るひとつの道筋といえる。

　この叢書は中国で出版されて以来、多くの読者に愛され、中国の古陶瓷を研究するための科学的な専門書として非常に貴重なものとなっている。このたび中国の文化界と関係の深い日本の二玄社から日語版が出版されることになった。中国の陶瓷研究の新しい成果が伝えられることによって、日本の中国陶瓷研究者・愛好者にさまざまな参考資料が提供され、活発な議論が行われることになるだろう。この日語版の刊行は21世紀の日中文化交流の歴史に新たなページを開くものであり、まことに喜ばしいかぎりである。ここに日中の友好関係がさらに発展し、末永く続くことを希望する。

　　　　　　　　　　　　　　　　　　　北京にて　耿　宝昌

澗磁村定窯遺跡

瓷片・窯具の堆積

1　黄釉藍彩　縄蓆文水注
　　高：22.1cm　口径：10.1cm
　　首都博物館

2　白瓷　瓜形水注
　　唐時代　高：15.5cm
　　1980年浙江省臨安県水邱氏墓出土
　　臨安県文物保管所

3 白瓷 水注
  唐時代
  高：18.5cm
  口径：6.8cm
  1974年河北省曲陽県
  出土
  曲陽県文物保管所

4 白瓷 水注
  唐時代
  高：21.2cm
  口径：7.5cm
  1965年河北省曲陽県
  澗磁出土
  河北省文物保管所

5 白瓷 穿帯瓶
  唐〜五代時代
  高：22.0cm
  口径：7.1cm
  1974年河北省曲陽県
  南家荘出土
  曲陽県文物保管所

6　白瓷　鳳首瓶
　　唐時代　　高：38.6cm
　　1997年河北省曲陽県澗滋村出土
　　河北省博物館

7　白瓷　四足壷
　　唐時代
　　高：8.8cm　口径：4.2cm
　　河北省涞水県文物保管所

8　白瓷　把杯・托
　　唐時代
　　高：4.0cm（把杯）
　　高：4.0cm（托）
　　1980年浙江省臨安県
　　水邱氏墓出土
　　臨安県文物保管所

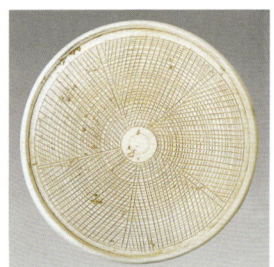

9 白瓷　擂鉢
　唐時代　高：3.0cm　口径：12.5cm
　1997年河北省曲陽県潤滋村出土　河北省博物館

10 白瓷　薬研
　唐時代　高：4・1cm　口径：14.3cm
　1997年河北省曲陽県潤滋村出土
　河北省博物館

11 白瓷　「官」銘曲杯
　唐時代　高：6.3cm
　1980年浙江省臨安県水邱氏墓出土
　臨安県文物保管所

12 白瓷 蓮弁文「官」銘共蓋壺
五代 通高:7.8cm 口径:5.7cm
上海博物館

13 白瓷 盞托
五代
高:6.4cm 口径:7.5cm
北京故宮博物院

14 白瓷 「官」銘碗
五代
高:6.0cm 口径:17.5cm
北京故宮博物院

15 白瓷　堂宇形枕
五代～北宋時代
高：13.6cm
長：22.9×18.4cm
上海博物館

16 白瓷　獅子形枕
五代〜北宋時代
残高：14.0cm　長：20.7cm
定州市博物館

17 白磁　童子形枕
　　北宋時代　高：15.6cm　長：20.8cm
　　サンフランシスコ・アジア美術館

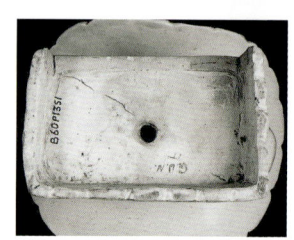

18 白瓷　婦女形枕
　　北宋時代　　高：16.0cm　長：44.0cm
　　1985年定窯遺跡出土
　　定窯遺跡文物保管所

19 白瓷　婦女形枕
　　北宋時代　　残高：7.9cm　長：9.0cm
　　1959年河北省曲陽県北鎮村出土
　　曲陽県文物保管所

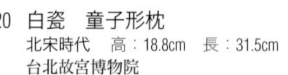

20　白瓷　童子形枕
　　北宋時代　高：18.8cm　長：31.5cm
　　台北故宮博物院

➡︎＜右ページ＞
22　白瓷　童子形枕
　　北宋時代
　　高：17.0cm　長：33.1cm
　　台北故宮博物院

21 白瓷　童子形枕
北宋時代
高：18.3cm
長：30.0cm
北京故宮博物院

23 白瓷
 蓮弁唐草文龍首浄瓶
 北宋時代
 高：60.9cm
 1969年河北省定州
 浄衆院塔基出土
 定州市博物館

25 白瓷　蓮弁文浄瓶
　　北宋時代　高：30.7cm
　　1969年河北省定州静志寺塔基出土
　　定州市博物館

24 白瓷　蓮弁文龍首浄瓶
　　北宋時代　高：25.1cm
　　1969年河北省定州静志寺塔基出土
　　定州市博物館

26 白瓷　蓮弁文浄瓶
　　北宋時代　高：30.3cm
　　1969年河北省定州静志寺塔基出土
　　定州市博物館

27 白磁　蓮弁文瓢形水注
　北宋時代　高：22.0cm　胴径：17.3cm
　大英博物館

28 白瓷　蓮弁文瓶
　　北宋時代　高：19.3cm
　　1969年河北省定州浄衆院塔基出土
　　定州市博物館

29 白磁 「官」銘蓮弁文壺
遼・開泰7年（1018）
高：11.4cm 口径：5.8cm
1986年内蒙古自治区奈曼旗
青龍山鎮遼陳国公主墓出土
内蒙古文物考古研究所

30 白瓷 蓮弁文壺
　北宋時代
　高：11.5cm
　口径：5.5cm
　1963年北京順義浄
　光舎利塔基出土
　首都博物館

31 白瓷 「官」銘蓮弁文壺
　北宋時代　高：11.0cm
　1969年河北省定州浄衆院
　塔基出土　定州市博物館

32 白瓷貼花
仏像文双耳炉
北宋時代
高：5.9cm　口径：9.0cm
1969年河北省定州
静志寺塔基出土
定州市博物館

33 白瓷貼花
人物文双耳炉
北宋時代
高：6.8cm　口径：9.5cm
1969年河北省定州静志寺
塔基出土　定州市博物館

34 白瓷貼花
獣面文双耳炉
北宋時代
高：5.6cm　口径：8.5cm
1969年河北省定州
静志寺塔基出土
定州市博物館

35 白瓷　壺（至道元年〈995〉銘）
　北宋時代　高：13.6cm　口径：5.6cm
1969年河北省定州浄衆院塔基出土　定州市博物館

36 白瓷　柳斗杯
　北宋時代
高：4.8cm
口径：8.0cm
1969年河北省定州
静志寺塔基出土
定州市博物館

37 白磁刻花　牡丹唐草文梅瓶
　　北宋時代　高：36.5cm
　　デイヴィッド財団

38 白磁刻花　花卉文玉壺春瓶
　　北宋時代　高：25.2cm　口径：6.6cm
　　台北故宮博物院

39 白瓷　双獣耳簋
　　北宋時代
　　高：10.9cm　口径：13.4cm
　　台北故宮博物院

40 白瓷 弦文三足炉
北宋時代
高:11.3cm 口径:15.9cm
北京故宮博物院

41 白瓷 弦文三足炉
北宋時代
高:10.2cm 口径:14.4cm
台北故宮博物院

42 白磁　水注
　　北宋時代
　　高：13.8cm
　　口径：6.1cm
　　1969年河北省定州
　　浄衆院塔基出土
　　定州市博物館

43 白磁刻花　牡丹文龍首水注
　　北宋時代
　　高：18.9cm　口径：9.7cm
　　定州市博物館

44 白磁　瓜形龍首水注
　　北宋時代
　　高：19.5cm　口径：13.6cm
　　台北故宮博物院

45 白瓷 瓢形水注
　　北宋時代　高：15.4cm　口径：1.9cm
　　台北故宮博物院

46 白瓷 提梁壺
　　北宋時代
　　高：15.3cm
　　口径：1.7cm
　　北京先農壇出土
　　首都博物館

47 白瓷 五足香炉
　　北宋時代
　　高：17.9cm　口径：10.6cm
　　1969年河北省定州静志寺
　　塔基出土　定州市博物館

48 白瓷　弦文筒形盒子
北宋時代　高：10.7cm
1969年河北省定州淨衆院塔基出土
定州市博物館

49 白瓷　弦文壺
北宋時代　高：18.6cm　口径：6.0cm
1969年河北省定州淨衆院塔基出土
定州市博物館

50 白瓷刻花　蓮葉文盞
北宋時代　高：3.5cm　口径：11.0cm
北京順義天竺楼台村出土
首都博物館

51 白瓷　弦文筒形盒子
　　北宋時代　　高：7.0cm
　　1969年河北省定州静志寺塔基出土
　　定州市博物館

52 白瓷　石榴形盒子
　　北宋時代　　高：9.8cm　　口径：10.3cm
　　1969年河北省定州浄衆院塔基出土
　　定州市博物館

53 白瓷劃花　雲文瓶
　　北宋時代　　高：14.7cm　　口径：5.4cm
　　1969年河北省定州浄衆院塔基出土
　　定州市博物館

54 白瓷 「官」銘托盞
　　北宋時代　高：7.5cm　口径：9.0cm
　　1969年河北省定州静志寺塔基出土
　　定州市博物館

55 白瓷劃花
　　蓮葉形高足盤
　　北宋時代
　　高：10.3cm
　　口径：14.7cm
　　1969年河北省定州静
　　志寺塔基出土
　　定州市博物館

56 白磁刻花 「孟」銘蓮弁文碗
　　北宋時代　高：7.4cm　口径：22.0cm
　　1969年河北省定州静志寺塔基出土　定州市博物館

57 白磁刻花 「官」銘蓮弁文碗
　　北宋時代　高：8.3cm　口径：19.5cm
　　1969年河北省定州静志寺塔基出土　定州市博物館

58 白磁刻花 蓮弁文碗
　　北宋時代
　　高：8.7cm　口径：16.9cm
　　1991年江陰夏港
　　三元村北宋墓出土
　　江陰市博物館

59 白磁刻花
　　唐草文盤
　　北宋時代
　　高：3.1cm
　　口径：15.5cm
　　台北故宮博物院

60 白磁刻花　牡丹文盤
　　北宋時代　口径：26.7cm
　　ネルソン美術館

61 白磁印花
　　花喰鳥文稜花盤
　　北宋時代
　　口径：21.7cm
　　大阪市立東洋陶磁美術館

62 白磁印花　雲龍文盤
　　北宋時代
　　高：4.8cm　口径：23.1cm
　　上海博物館

63 白磁印花 碗
　　北宋時代　高：5.2cm　口径：15.4cm
　　1976年江蘇省武進蒋塘宋墓出土
　　常州市博物館

64 白磁 碗
　　北宋時代　高：8.1cm　口径：20.4cm
　　1991年江陰夏港三元村北宋墓出土
　　江陰市博物館

65 白磁 「官」銘盤
北宋時代
高：3.0cm　口径：10.7cm
1969年河北省定州静志寺塔
基出土　定州市博物館

66 白磁 「新官」銘碗
北宋時代
高：5.7cm　口径：23.7cm
1969年河北省定州城考棚
院内出土　定州市博物館

67 白瓷刻花　石榴文碗
　　北宋時代　高：8.9cm　口径：18.6cm
　　北京故宮博物院

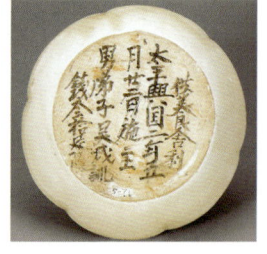

68 白瓷劃花
　　双蝶文輪花盤
　　北宋時代
　　高：2.7cm　口径：12.3cm
　　1969年河北省定州
　　静志寺塔基出土
　　定州市博物館

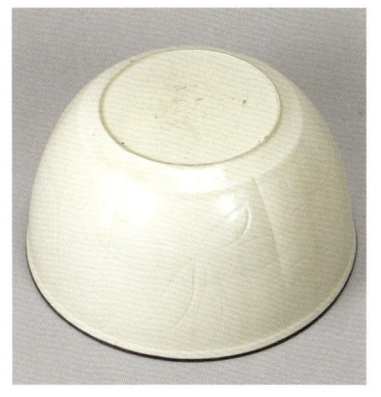

69 白磁刻花　蓮花文洗〈重文〉
　　北宋時代　高：12.1cm　口径：24.5cm　大阪市立東洋陶磁美術館

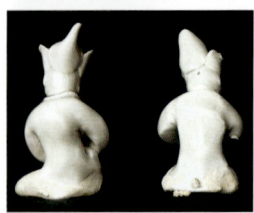

70 白瓷　人物俑
　　晩唐　(右)高:6.0cm　(左)高:6.0cm
　　河北省曲陽出土

71 白瓷　獅子俑
　　晩唐　(右)高:6.7cm　(左)高:5.9cm
　　河北省曲陽出土

72　白瓷　人物俑
　　晩唐　高：7.2cm
　　河北省曲陽出土

73　白瓷　童子抱鷺水注
　　北宋時代　高：15.0cm
　　河北省張家口崇礼県出土
　　崇礼県文物保管所

74　白瓷　人物形水注
　　北宋時代　高：27.9cm
　　1969年北京順義県遼浄光塔出土
　　首都博物館

75 白瓷褐彩　肩輿
　北宋時代
　高：15.5cm
　1969年河北省定州
　静志寺塔基出土
　定州市博物館

76 白瓷劃花　海浪文法螺貝
　　北宋時代　　高：18.5cm　長：19.3cm
　　1969年河北省定州静志寺塔基出土
　　定州市博物館

77 白瓷劃花　亀
　　北宋時代
　　高：3.8cm　長：8.8cm
　　1969年河北省定州
　　静志寺塔基出土
　　定州市博物館

78 柿釉金彩
　牡丹文碗〈重文〉
　北宋時代
　高：4.2cm　口径：12.9cm
　東京国立博物館

79 黒釉金彩
　蝶牡丹文碗〈重美〉
　北宋〜金時代
　高：4.3cm　口径：14.0cm

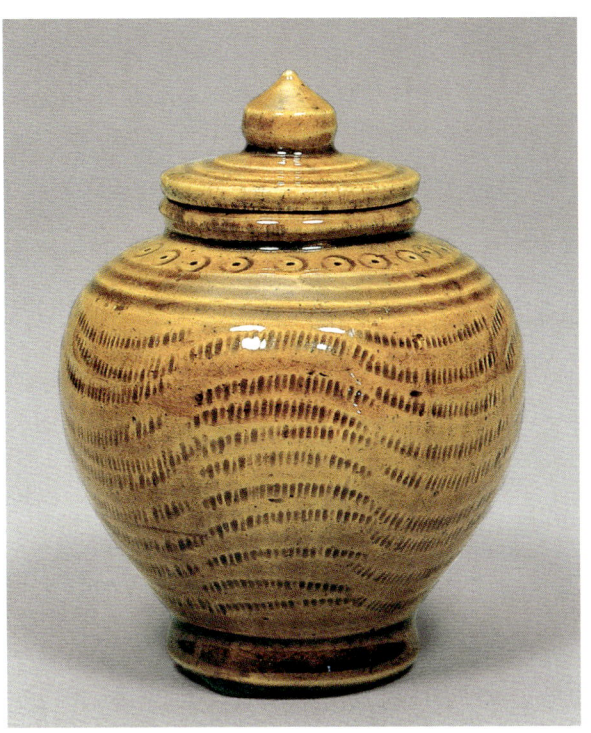

80 褐釉　波浪文壺
　　北宋時代　高：9.7cm　口径：4.5cm
　　1969年河北省定州静志寺塔基出土
　　定州市博物館

82 緑釉　波浪文浄瓶
　　北宋時代　高：18.2cm
　　1969年河北省定州
　　静志寺塔基出土
　　定州市博物館

81 褐釉　鸚鵡形水注
　　北宋時代　高：15.8cm
　　1969年河北省定州静志寺塔基出土
　　定州市博物館

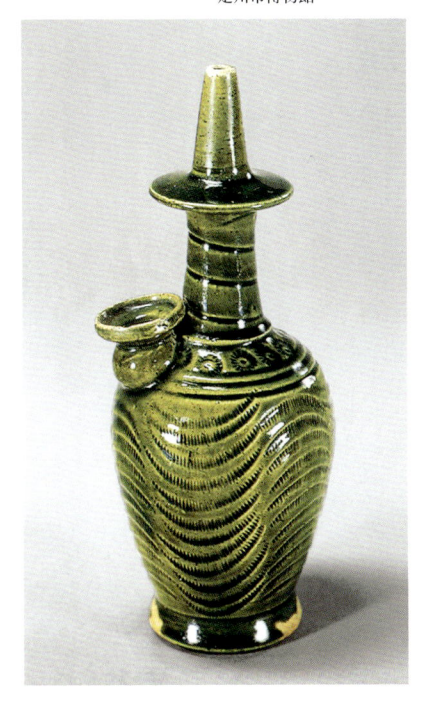

83 白瓷印花　亀鶴文盤
金時代
高：1.4cm　口径：14.2cm
1974年河北省曲陽県
西河流村出土
曲陽県文物保管所

84 白瓷印花　獅子戯球文盤
金時代
高：2.5cm　口径：22.5cm
1976年河北省曲陽県
南馬古荘出土
曲陽県文物保管所

85 白瓷印花　菊花文碗
　金時代　　高：4.6cm　口径：16.6cm
　北京故宮博物院

86 白瓷印花　鴛鴦文盤
　金時代
　　高：2.5cm　口径：14.2cm
　台北故宮博物院

87 褐彩白搔落し　牡丹唐草文瓶〈重文〉
北宋時代　高：17.3cm　胴径：19.5cm
大阪市立東洋陶磁美術館

88 褐彩白掻落し　鹿鳥文壺
北宋～金時代
高：32.5cm　口径：20.4cm
河北省藁城県杜家荘出土
正定県文物保管所

89 醤釉印花　花卉文碗
金時代
高：5.5cm　口径：17.0cm
1975年吉林省哲里木盟出土
吉林省博物館

49

90 褐彩白掻落し　蓮花文枕
北宋～金時代
高：10.5cm　長：18.4×15.0cm
河北省定州出土　定州市博物館

91 褐彩白掻落し　牡丹文枕
北宋～金時代　高：11.5cm　長：24.5cm
河北省定州出土　定州市博物館

92 緑釉搔落し　鴨蓮文枕
　　金時代　　高：14.5cm　長：23.2cm
　　1979年河北省定州南関出土
　　定州市博物館

93 白瓷　獅子形枕
　　北宋〜金時代　高：9.8cm　長：18.2cm
　　1975年河北省定州西関出土
　　定州市博物館

94 白瓷　梅瓶
　　現代　陳文増作

95 白瓷　水注
　　現代　陳文増作

96 白瓷　壺
　　現代　陳文増作

定窯黑瓷

中国名窯名瓷シリーズ ❻

鑑賞と鑑定

定窯瓷

目次

第1章 **はじめに** 6
 窯場の自然条件と歴史・文化的背景 7
 考古調査と発掘の沿革 14
 焼造の歴史と編年 21
  第1期（唐代早期から中期） 25
  第2期（晩唐から五代） 26
  第3期（北宋早期から中期） 26
  第4期（北宋晩期から金代） 28

第2章 **定窯瓷の種類** 30
 黄釉 30
 褐釉 30
 白瓷 31
 黒釉 33
 醬釉 34
 緑釉 35

第3章 **窯詰めの方法** 37

第4章 **各時代の作風と表現上の特色** 40
 胎土と釉 40
 器形 43
  1）晩唐・五代期 43
   （1）邢窯に類した器形 44
   （2）金銀器に倣った器形 47
  2）北宋早・中期 53
  3）北宋後期から金代 67
 施文技法 74
 文様の内容 80
 銘文 97
  1）「官」「新官」銘について 98

　　　　（1）産地について　99
　　　　（2）焼成年代について　104
　　　　（3）「官」「新官」銘の意味　105
　　2）「尚食局」「尚薬局」銘について　106
　　3）その他の銘文　107

第5章　定窯に類するその他の白瓷窯との比較　109
　　晩唐・五代　109
　　北宋・金代（南宋を含む）　111
　　　1）邢州窯（河北臨城）　112
　　　2）井陘窯（河北井陘）　113
　　　3）磁州窯（河北磁県）　115
　　　4）介休窯（山西介休）　116
　　　5）霍窯（山西霍州）　116
　　　6）彭県窯（四川彭州）　117

第6章　定窯の倣製品とその鑑別　119
　　元・明・清三代の倣定窯瓷　119
　　現代の曲陽における倣定器の製作　125
　　曲陽倣定窯製品の鑑別　127
　　　1）胎土　127
　　　2）釉面　128
　　　3）造形　129
　　　4）文様　130

第7章　図版解説　132

〔主 編〕
耿宝昌　北京故宮博物院研究員・国家文物鑑定常務委員

〔編集委員〕
耿宝昌　北京故宮博物院研究員・国家文物鑑定常務委員
王莉英　北京故宮博物院研究員
李輝柄　北京故宮博物院研究員
汪慶正　上海博物館副館長・国家文物鑑定委員
張浦生　南京博物院研究員・国家文物鑑定委員
朱伯謙　浙江省文物考古研究所研究員
任世龍　浙江省文物考古研究所研究員
趙青雲　河南省文物考古研究所研究員
余家棟　江西省文物考古研究所研究員
葉文程　廈門大学副教授
陳　政　江西美術出版社副社長
劉　楊　江西美術出版社編集委員

――――― 凡 例 ―――――

一．本書は『定窯瓷　鑑定與鑑賞』（中国名窯名瓷名家鑑賞叢書）、江西美術出版社刊（2003年）の日本語版である。

一．日本では従来、硬質のやきものの呼称として「磁」字が広く用いられているが、中国の「瓷」字とは必ずしも同義で使われないこともあり、本シリーズでは原著に従って「瓷」字を使用することにした。

一．本シリーズの本文の構成は原則として原著に従ったが、一部の巻では配列を変更した。

一．カラー図版は原著者の同意のもとに、一部変更し、時代・形式を配慮して配列し直した。また、原著には作品の寸法・所蔵先が明記されていない巻があるが、本書では可能な限り明記した。

一．本文中の挿図は原著に収載されているもの以外に、読者の理解を考慮し、関連図版を適宜補った。また、引用や関連のあるカラー図版も当該頁に挿図として再録した。

一．陶瓷用語・観賞用語・作品名称等は日本で通行する用語に訳したものもあるが、適当な訳語がない場合には原語のままとし、必要に応じて〔 〕内で注記した。

一．遺跡地名等一部の行政区画表記は発掘当時のものに従った。

一．原著の注記（ ）はそのままとし、訳者の注記は〔 〕内に示した。引用文については原則として現代語訳によって示したが、詩文等、読み下しにしたものもある。

地図中の地名:

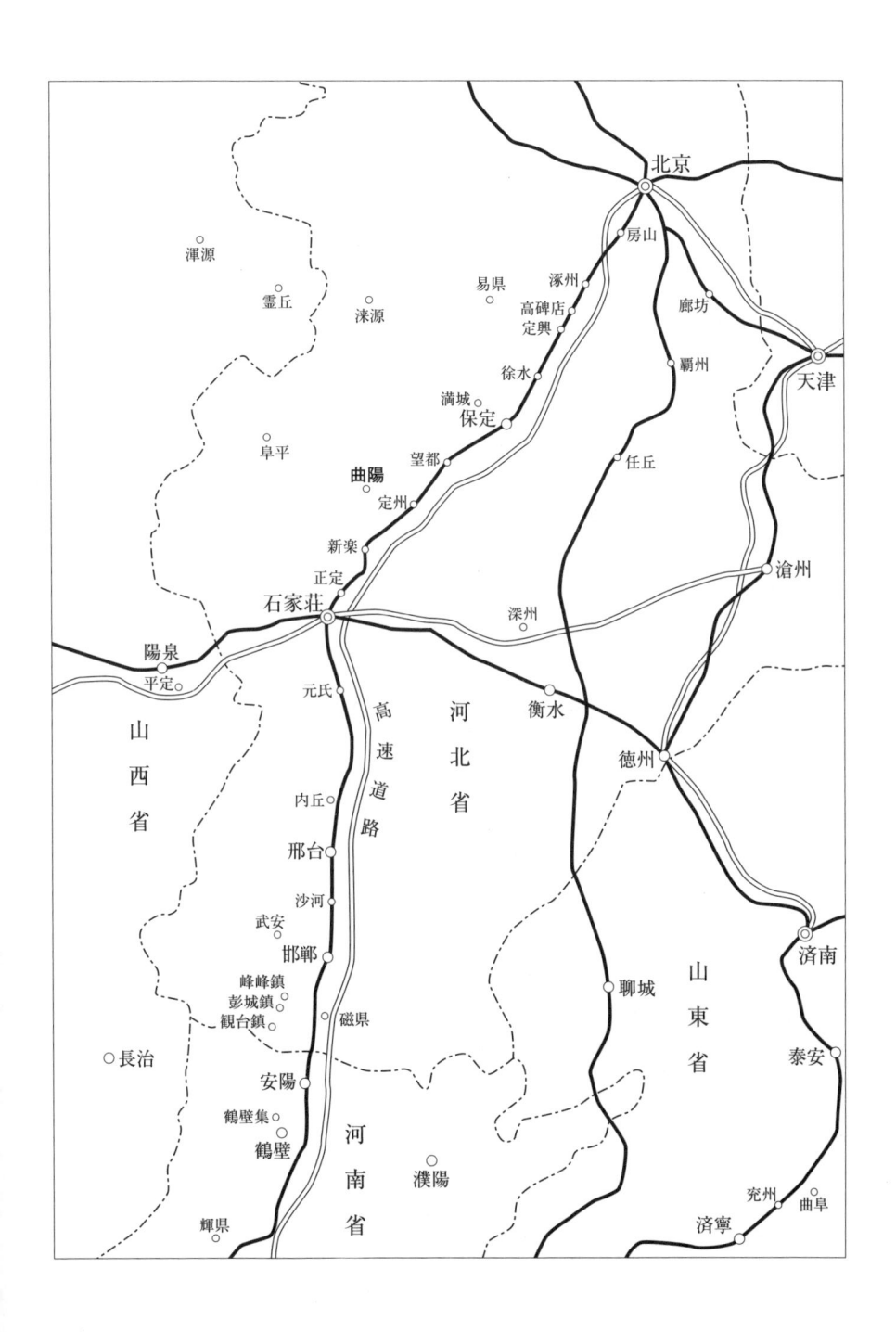

北京 房山 涿州 廊坊 天津
渾源 霊丘 涞源 易県 高碑店 定興 覇州
徐水 満城 保定
阜平 曲陽 望都 任丘
定州
新楽 滄州
正定
石家荘 深州
陽泉 平定 元氏 衡水 徳州
山西省 高速道路 河北省
内丘 聊城 山東省 済南
邢台
沙河 泰安
武安
邯鄲
峰峰鎮
彭城鎮 磁県
観台鎮
長治 安陽
鶴壁集 兗州 曲阜
鶴壁 河南省 済寧
輝県 濮陽

第1章 はじめに

　定窯は華北にあった宋時代の著名な民間窯場で、その窯跡は現在の河北省曲陽県澗磁村や東、西の燕川村一帯に広がっている。この地方は北魏以降唐、宋時代にかけて定州という行政区画に含まれていた。窯場の名称は歴史的な州名を冠して呼ぶことが慣例となっているので、曲陽県内のこれらの窯場も'定窯'と呼ばれ、現在に至っている。窯跡の調査や考古発掘から、遺跡の分布は澗磁村がもっとも広く、その面積は117万平方メートルにも及ぶなど相当な規模であったことが明らかにされた。その地では、かつて窯炎が赤々と燃えあがり、雪のように光り輝く器皿が次々に現れるという息をのむような光景が繰り返されていたはずである。

　定窯は唐代に始まり元代に衰退するまで700余年の活動期間をもつが、その盛期は宋代にあった。とりわけ宋代に製作された秀麗、典雅な刻花や印花文様の白瓷は声価が高く、明代宣徳年間には、汝窯・官窯・哥窯・鈞窯とともに五大名窯と称えられるほどである。

　宋代定窯白瓷のすぐれた作風は、朝廷からも認められ、皇室のために貢納品の製作を行うこともあった。もっともそれ以上に定窯の白瓷を支持したのは一般の人々で、製品は南北各地へ運ばれ、やがて多くの窯場で定窯に似通った白瓷が倣製焼造されるまでになる。文献や考古発掘からそうした例として次の窯場を挙げることができるが、これらの窯場では、定窯に倣った刻花や印花の白瓷が焼造され、定窯系という大きなグループが形成されている。すなわち、河北省の井陘、臨城祁村、北京市の門

頭溝龍泉務、密雲小水峪、房山磁家務、山西省の平定、介休、河津、交城、陽城、霍州（かくしゅう）、長治、盂県、楡次、渾源、四川省の彭県〔現在は彭州市〕、江西省の景徳鎮、吉州窯〔吉安県〕である。

定窯の歴史、焼造技法、加飾工芸などについては、窯跡の考古発掘を始め、年代の明らかな墓や仏塔の地下埋納施設〔中国では「塔基」という〕などからの資料が増加するにつれて、研究が深まりつつあるが、窯跡の発掘は限られた部分にとどまり、最新の発掘資料もそのすべてがすみやかに公表されるわけではない。また墓や仏塔施設などからの資料にしても、定窯の編年を考える上ではまだまだ充分とはいえない。定窯の時代区分をどう考えるかということをはじめ、残された課題は決して少なくはない。施文技法の継承関係やその転換、発展の具体的な状況、定窯の製品と定窯系諸窯の製品との異同、定窯白瓷に見られる「官」「新官」銘の意味、また鑑定や鑑賞の方面からのアプローチなど、いずれもさらなる研究の進展が待たれている。

本書では定窯の歴史や各時期の特徴、焼造技法、加飾表現の性格などについて全般的な知識と初歩的な理解が得られるように、「自然条件と歴史・文化的背景」「考古調査と発掘の沿革」「焼造の歴史と編年」「定窯瓷の種類」「窯詰めの方法」「各時代の作風と表現上の特色」などの章節を設け、現在知られているところを述べてゆくことにした。同時に代表的な作品や資料をカラー図版や挿図・描起し図としてできるだけ加えた。それらは本文の参考のみならず、鑑定や鑑賞力を養い高めるためにも役立つことと思う。

窯場の自然条件と歴史・文化的背景

定窯遺跡は曲陽県の政庁所在地から北に25キロほど離れた霊山（れいざん）盆地にあるが、その地域は豊富な石炭資源に恵

まれ、曲陽県の主要な石炭鉱区となっている。そのことは、清代の『重修曲陽県志』にも見える。

「霊山一帯は石炭を産し、龍泉鎮は瓷器の製作に適している。また滑石が採れる場所がある」。「澗磁嶺は採訪冊によれば県北60里にある。それは龍泉鎮の北にある嶺のことで、西に霊山鎮を隔てること10里。上に炭鉱が多く、下は澗磁村で、宋以前磁窯があったが今は廃されている」。

この地域は地質構造からいうと、ちょうど阜平(ふへい)隆起の東側の霊山向斜という褶曲構造中にあり、東北から西南に長さ15キロ、西北から東南の幅2～6キロの炭田が分布する山間の瓢形盆地となっている。調査の結果、この霊山炭田の範囲は霊山、南鎮、郭家荘、党城の4つの郷鎮を含み、総面積75平方キロ、総埋蔵量1.5億トンに及ぶことが明らかにされた。霊山炭田の分布の特徴は夾(きょう)炭(たん)層が盆地周辺部で浅く、中心部で深くなっていることで、澗磁と燕川の古窯跡周辺でもかつては小さな炭坑が数多く営まれていた。

霊山盆地には石炭のほかに豊富な粘土鉱もあった。一般に華北の粘土鉱は多くが古生代から中生代の夾炭層にともなって形成されているが、曲陽県の粘土鉱も例外ではなく、その分布は主に霊山盆地の東部や北部の周縁地帯に集中している。鉱脈は厐家窪(ほうかわ)から真っすぐ東へ北鎮まで続き、この8キロ近い細長い地帯には大量の良質粘土が平均して5メートルから8メートル前後の厚さで包含され、現在でも野北(やほく)、套里(とうり)、北鎮(ほくちん)などでは採掘が行われている。

澗磁村定窯遺跡の広がる南鎮郷のあたりは霊山盆地の東北隅に位置し、太行(たいこう)山脈東麓の支脈の間を多くの自然の谷筋がぬって伸びる起伏に富んだ地形となっている。澗磁村の東1キロほどに北鎮村があるが、かつて村の南に龍泉と名づけられた湧水のあったことから、この場所

は龍泉鎮と呼ばれた。清代道光年間（1821〜50）、龍泉鎮は鎮里墩と改称されるが、後に南北の２村に分かれ、龍泉の北にある村はその位置から北鎮といわれるようになった。先に挙げた『重修曲陽県志』で、「龍泉鎮」とあるのは、現在の北鎮と南鎮を指している。南鎮郷にはふたつの河川が流れ、ひとつは阜平、淶源、唐県の県境部に発する通天河①で、北から南に鄧家店を経て南鎮へと流れている。もうひとつは曲陽県の北部に発する三会河②で、西から東に霊山鎮を経て流れ、南鎮の東北で通天河と合流し、横河口村の北で唐県の西大洋貯水池に注ぎ込んでいる。澗磁村定窯遺跡はちょうどこのふたつの流れが合流する三角地帯に位置している。

東、西燕川村の定窯遺跡は、霊山盆地の西南隅に位置し、東の霊山鎮とは４キロほど離れている。両村は隣り合ってともにゆるやかな丘陵の斜面にあり、北は鳳凰山、西北は鶏冠岩山に面している。言い伝えによれば、昔、村内に燕の棲む洞窟があり、その東を東燕川、西を西燕川としたという。定窯遺跡は主に両村の間と北側に分布している。

以上のことからわかるように、霊山盆地の豊富な石炭と粘土鉱によって大型の窯場を維持するに足る燃料と原料の供給システムが形成され、また窯跡付近の河川は製陶活動に必要な水源となっていた。こうした恵まれた自然環境の基盤があればこそ、定窯の数百年にも及ぶ発展と繁栄が可能であったといえる。

定窯の故郷である曲陽県の歴史と文化ははるか昔にさかのぼる。考古調査によれば、すでに新石器時代の頃からこの地で人々が生活していたことが確認されている。曲陽県暁林郷の釣魚台遺跡はかなり大規模な仰韶文化の氏族集落遺跡で、約７万平方メートルの広さがあり、石斧、石鑿、燧石、骨鏟〔骨製シャベル〕、骨針や大量の精質彩絵紅陶と粗質紅陶などの遺物が発掘されてい

る。

　釣魚台遺跡の年代は、出土品の検討によって今から5000年余も昔のものであると考えられている。また曲陽県の政庁所在地から西北約1キロの白家湾や孟良河の一帯では商〔殷〕周時代の遺跡も発見されている。春秋戦国時代、曲陽の地は北方民族'白狄'の支配する中山国に属していた。『史記』に「軍は曲陽で合流し……中山は四邑を献じて和を請い、王許し戦いをやむ」と武霊王の21年に趙が中山を攻めた記事があるが、これが史料中に曲陽の地名が見える最も早い例である。

　紀元前296年、中山国は趙に滅ぼされ、曲陽を含む中山国の版図はことごとく趙に帰属することとなった。紀元前221年、秦始皇帝によって他の六国が平定され、史上初めて多民族を統一した専制国家が樹立され、始皇帝嬴政は中央集権を強化するために伝統的な分封制度を廃し、全国を36郡に分け、その下に県を置く郡県制を施行する。曲陽県を含む恒山郡の範囲はかつての中山国にほぼ相当し、6県が置かれることになるが、行政区画としての曲陽県はこの時に始まる。前漢の初め、文帝劉恒の名前と重なることを避けて恒山郡を常山郡と改め、曲陽県も常山郡に属することとなる。当時、鉅鹿郡にある21の県のひとつが同じ名称であったので、常山郡の曲陽県を'上曲陽'、鉅鹿郡の曲陽県（現在の藁城、晋県）を'下曲陽'と称した。漢の中央政府は郡国支配をいっそう強化するため全土に13の州部を設置し、曲陽のある常山郡（秦の恒山郡）は冀州刺史部に属することとなった。

　こうした郡県2級制から州郡県の3級制への転換は後漢時代には基本的に完成し、以後魏晋南北朝の時代まで続く。398年、北魏は幽州、冀州など華北の諸州を占拠し、拓跋珪〔道武帝〕は相次いで12の州を設置する。北魏・天興3年（400）には5郡29県を管轄する定州という行政区が置かれ、曲陽も定州中山郡に属することにな

る。これ以降、曲陽は王朝の変遷につれて名称や区画が改変されたこともあるが、ほとんどの期間は定州に属することとなった。

以上、曲陽の歴史のあらましを述べてきたが、その地には新石器時代の頃から文明の光が射し、春秋戦国時代には北方の少数民族'白狄'の建てた中山国に含まれ、典型的な中原文化の影響を受けながらもそれとは異なった北方の伝統文化が脈々と息づいていた。もともと陝西に起こった白狄は春秋時代に東へ移動して太行山脈の東の地方に至り、当初'鮮虞(せんぐ)'と称し、戦国時代に'中山'と改称する。戦国時代の中山国は燕と趙というふたつの大国にはさまれた戦車千輛を擁する諸侯国、いわゆる「千乗(せんじょう)の国」にすぎない小国であった。しかし、その経済や文化は充分に発展し、軍事力も相当強力で、特に桓(かん)公が霊寿(れいじゅ)に遷都してから国運は隆盛に向かった。『戦国策』中山策には、犀首(さいしゅ)〔魏の官名。公孫衍(こうそんえん)の異称〕が魏・韓・趙・燕・中山の五国に王号を名乗るようにさせたが、中山は最後に王号を称することを得たという記述がある[3]。群雄が覇権を争う時代にあって、中山が大国に伍して王号を称すことができたのは、充分な経済力と軍事力が備わっていたからでもあった。白狄の中山国は300余年の歴史の中で盛衰を繰り返してはきたが、北方民族のすぐれた文化と中原の文化との融合は、眼を奪うような輝かしい文化を創り出すこととなった。

その内容の一端が明らかにされたのが、河北省平山(へいざん)県の中山王譻(さく)墓からの出土品の数々で、造形芸術としての魅力はもちろんのこと、科学、文化レベルの高さには改めて驚かされるばかりである。なかでも鹿を食う虎を象った金銀象嵌(ぞうがん)の屏風台座、金銀象嵌の龍鳳形案、銀象嵌の双翼神獣などの青銅器に見られる斬新な造形感覚と卓越した技巧は人々の眼を釘づけにした。同様の印象は出土した陶器にもあり、特に文様を磨き出した磨光(まこう)文の黒

金銀象嵌虎喰鹿屏風台座

金銀象嵌牛形屏風台座

第1章◆はじめに　*11*

陶壺や黒陶鴨形尊は、優美な造形、独特な質感と典雅な文様で異彩を放っている。こうした完成度の高い工芸品は中原の大国のそれに少しも見劣りすることはなく、鋳銅や製陶という当時の先進技術の分野で中山がかなり高いレベルにあったことを再認識させるものであった。中山が趙に滅ぼされた後も、その優れた文化伝統と先進の科学技術は失われることなく、徐々に中原文化のなかに吸収され、いっそうの輝きを加えてゆくことになる。古くから中山に属していた曲陽の歴史を語る時に、この素晴らしい文化と科学の伝統を抜きにすることはできない。

黒陶磨光文球腹壺

黒陶磨光文鴨形尊

『重修曲陽県志』によれば、漢の武帝が泰山(たいざん)で天地を祭る封禅(ほうぜん)の儀礼を執り行い、五岳を巡幸するようになると、曲陽にも北岳恒山(こうざん)を祀るための神祠が造られ、以後歴代数多くの祭礼が行われたという。その概略は次のようにまとめられている。

「隋の大業4年(608)、煬帝楊広(ようだい)は親しく曲陽に臨んで北岳を祭る。西域十余国は皆来訪して祭を助け、河北道の郡守も曲陽にひとしく集まり、これと同時に大赦が発布された。唐、僖宗(きそう)の光啓元年(885)、晋王李克用(りこくよう)も親しく北岳廟に至り祭祀を行った。明、洪武10年(1377)、魏国公徐達(じょたつ)は明の太祖朱元璋の命を受けて曲陽に至り、北岳廟で祭礼を行った。歴代帝王の北岳を祭祀する活動は極めて盛大であり、唐、貞観年間の規定によれば、毎年一回の祭礼のいけにえの供物は太牢(たいろう)(牛・羊・豚各1)、祀官には都督、刺史があたるとされた。宋の真宗代には毎年祭岳が行われ、玉冊(ぎょくさつ)や袞冕(こんべん)〔天子が身につける祭礼用の衣裳と冠〕などの祭品を奉ずる使者が派遣され、道場を設営して祭奠(さいてん)が挙行された。祭礼は三昼夜あるいは七昼夜続き、極めて盛大で賑やかなものであった」[④]。

年ごとの祭礼と絶え間なく続く北岳廟の増修築は、取

北岳廟徳寧殿

りも直さず曲陽城の発展へとつながった。「昔の曲陽城は周囲五里十三歩の規模で、その半ばを北岳廟が占めていた。曲陽城の発展はまさに北岳廟の創建とともにあった」[5]と言われるのも首肯される。

　広大な規模と壮麗な威容を誇る北岳廟は余りにも有名だが、曲陽の歴史を振り返る時に、多くの仏教寺院の存在と数えきれないほどの石造仏教彫刻を忘れることはできない。『重修曲陽県志』山川古蹟考によれば、曲陽域内の寺院は70余ヶ所にも達し、修徳寺、八会寺、寧定寺、清化寺、祥定寺などの著名な寺院にはそれぞれ石彫の仏像が伝えられていたという。修徳寺の名前はその跡地が発掘されたことによっていっそう世に知られるようになる。

修徳塔

八会寺遺跡

　1953年、修徳寺遺跡の付近で農民が野菜の貯蔵穴を掘っていた時に偶然石像の残欠を発見した。その数量は多く、しかも幾つかの石像には文字が刻まれていた。その後当局によって修徳寺遺跡の初歩的な調査と試掘が行われ、2.5×2.6メートルのひとつの発掘坑から2000余件の石像残欠が出土し、237件の紀年刻銘が確認された。時

代は北魏、東魏、北斉、隋、唐の5朝を含み、最も古い北魏、神亀3年（519）から唐、天宝9年（750）まで、その期間は230余年にも及んだ[6]。

発掘報告には貴重な発見も記されている。「発掘坑から石像の親指部分が見つかったが、その末端と根元の直径は9.9センチの太さがあり、仏像全体の高さは少なくとも10メートル以上あったと推測される。それだけの像を安置する仏殿があったわけだから、修徳寺は小規模な寺院ではなかったと考えられる」[7]。

曲陽は良質な石材に恵まれ、曲陽の石彫は全国にその名を知られた存在であった。中国彫刻史のなかでも曲陽の石彫は極めて重要な地位を占めている。曲陽は長い歴史と文化に彩られた土地であり、千年にも及ぶ祭祀や石造彫刻の伝統は豊かな芸術性を育むこととなった。しかもこの地域は埋蔵資源をはじめ自然環境に恵まれていた。このように確固とした文化的、物質的な基盤が定窯を一代の名窯へと成長させたのである。

考古調査と発掘の沿革

定窯は宋代五大名窯のひとつであり、刻花や印花の文様をもつ白瓷は気品に富む美しさで広く内外に知られ、中国陶瓷の歴史を考える上で欠くことのできない存在となっている。ところが赫々たる名声を博した定窯も、金代後期から衰勢に向かい、元代以降は完全に焼造を停止してしまう。吹きあがる窯煙が林立し、炎が天を焦がした繁栄の光景は消え去り、広大な窯場はいつしか耕地へと変容していった。歳月の流れはさしもの著名な窯場も忘却の彼方へと押しやってしまう。歴史文献のなかに定窯に関する記事はまま見られるものの、窯跡の場所についてはほとんどの場合、曖昧でごく簡略にすまされている。例えば、「古定器はみな北直隷の定州の産である」[8]とか「古定器は宋時に焼くところのもので、定州の産で

ある。今の直隷真定府である」[9]といった具合であった。定窯の窯跡がいったいどこにあるのかという問題は、中国陶瓷史が抱える大きな謎となっていた。

澗磁村の定窯遺跡を最初に発見したのは、近代の著名な陶瓷学者葉麟趾氏（ようりんし）であった。葉氏は生涯をかけて中国陶瓷の科学的研究と窯業教育に取り組んだが、同時に古窯跡の考古調査の分野でも先駆者のひとりであった。1934年に刊行されたその著『古今中外陶瓷彙編』[10]のなかで、定窯遺跡の正確な場所は曲陽県澗磁村にあるという見解が初めて公表された。その部分は次のように記されている。

書斎での葉麟趾

古今中外陶瓷彙編

「定州窯は現在の河北曲陽県にある。定州窯の所在地について諸文献の記載を調べてみると、いずれもが現在の河北省定県を指しているように思える。ところが実地調査を行ってみても求める窯跡は全く見当たらない。当地の大白窯村は関連があるようだが明証を欠いている。唐代以来、定州の名は今の保定（ほてい）と正定（せいてい）の間にある地域に限られることはなく、保定、正定、平定（へいてい）などを含んだより広い地方を指す総名であったとする見方もある。その域内で作られた陶瓷器であれば、おしなべて定窯と呼ばれるようになったというわけであ

第1章◆はじめに　*15*

る。

　しかしこの考え方は広義に過ぎるようで、因みに平定窯はかつて西窯と俗称されていたが、その製品は定窯とは明らかに異なっている。また保定や正定にも該当する窯跡はない。先ごろ聞いたところでは、曲陽で瓷器を生産しているが、その地の剪子村でたまたま古窯遺跡が発見され、採集した白瓷破片は極めて定窯器に似ていた。地元の人の話では、その昔、定窯はこの場所にあったとのこと。また付近の仰泉村も定器が焼造された場所だがすでに窯跡はなくなっているという。

　この話は極めて信頼できるもので、地理的な関係からも傍証を得ることができる。というのも、曲陽は定県から隔たること40里にあり、唐代には恒陽県といい、もともと定州に属していた。おそらく定州という名称もこの広い行政区画を指しているのであって、現在の定県のみをいったものではないのだろう。例えば唐の邢州窯は、現在の邢台県から約50里離れた内丘県にあり、また饒州窯も鄱陽県すなわち昔の饒州府から約180里離れた浮梁県にあるのを見ても〔行政区画の沿革と窯名の関係は〕明らかである。現在でも曲陽県では製陶が行われ、粗製のものではあるが、定窯の本流に属することには違いない。一方で定窯は元末に廃滅し、時に優良な製品はすでになく、その後の曲陽の製陶になんら関わることはなかったとも言われている」（文中に'剪子村'、'仰泉村'とあるのは曲陽の発音の訛のためで、それぞれ'澗磁村'、'燕川村'を指している）[11]。この記述からわかるように、葉氏はまず文献の記載をもとに定州とその周辺で詳細な実地調査を行い、さらに州県の歴史的な沿革を勘案しながら調査範囲を拡大し、最終的に定州の西北40キロの曲陽県澗磁村に定窯遺跡を捜し当てたのである。

『古今中外陶瓷彙編』は当初、北平大学工学院の『化学季刊』誌に掲載され、その後単行本として刊行された。その内容に注目したひとりに日本の著名な陶瓷学者小山冨士夫氏がいた。1941年、彼は葉氏の記述を手がかりに澗磁村の調査を行い、窯跡で1200余りの瓷片資料を採集するなど、その地が定窯遺跡であることを立証した。その顛末は帰国後「定窯窯址の発見に就いて」[12]と題して報告されている。こうして定窯を覆っていた神秘のベールは払われ、科学的かつ系統的な研究への扉が開かれることとなった。葉麟趾氏の貴重な発見は近代陶瓷考古がなしえた最も大きな成果であり、またその「州県の歴史沿革を勘案しながら論証を進めてゆく考え方は、その後の古窯址の考証や探索に新しい方法論をもたらすものとなった」[13]。

　新中国が成立して以降、著名な陶瓷学者陳万里(ちんばんり)氏らを中心に中国の陶瓷研究者によって南北の重要な窯跡に対する詳細な調査が始まる。1951年には澗磁村が定窯遺跡であるか否かを確定するために、陳氏みずから澗磁村と燕川村を訪れ実地調査を行った。窯跡の地理関係や『重修曲陽県志』の記載からも間違いないとの傍証は得られたが、なによりも決定的なことはそこで見られる特徴的な遺物の数々であった。「瓷窯からの遺物を見ればこの場所が定窯遺跡だと確定するのに全く疑問の余地がないことがわかる。定窯の製品には、刻花文様、釉上の涙痕(るいこん)〔筋状の釉の流れ〕、細かく光沢のある純白の胎土などの特徴があり、その他の倣定瓷器とは容易に区別される」[14]からであった。

　1957年には馮先銘(ふうせんめい)氏が定窯の焼造期間やいわゆる'紫定(してい)''黒定(こくてい)'などの問題を解決するために故宮博物院の古陶瓷研究者をともなって再び窯跡を訪れ、詳細な調査を行うとともに瓷片資料1300余片を採集している。その後1970年代以降、国の内外を問わず多くの専門家、研究者

がこの地を訪れ知見を深めている。

1960年から62年にかけて河北省文物工作隊によって澗磁村定窯遺跡の詳細な調査と部分的な試掘が行われ、窯区の範囲は東西約1400メートル、南北約1000メートルで、総面積117万平方メートルと計測された。遺跡の状況や遺物堆積の内容などを調査しながら、前後して12地点で方形区画の試掘が行われ、その総面積は420平方メートルに達した。その成果は次のように記されている。「調査過程で古くは晩唐から、降っては金、元まで各時代の遺物合わせて35件を得ることができた。試掘中に相前後して出土した遺物は216件で、瓷器は123件、工具と窯道具が26件、銅銭が67枚であった」[15]。

試掘によって堆積層の層位関係の手がかりが得られ、史料の記載を参考にしながら初めて定窯の編年が提示された。この時の試掘は面積も限られ、定窯の編年の基準も充分とは言い難いものがあったが、調査中に採集した定瓷や試掘で得られた大量の瓷片資料によって、定窯に対する理解は以前にも増して一段と深まることとなった。

1985～87年、河北省文物研究所によって定窯遺跡とその周辺地域の詳細な考古調査が実施され、澗磁村と東西の燕川村のほかに、野北にも窯跡が発見されるなど、曲陽県の定窯遺跡の分布範囲が確定された。それは霊山盆地の東西10キロ、南北1～2キロの細長い地域に広がり、東から澗磁区、野北区、燕川区の3ヶ所の窯跡区に分けることができた。

澗磁区は3ヶ所の遺跡中最大の規模をもち、南北鎮、澗磁嶺、澗磁村西の3つの小区から構成されている。

南北鎮区は、「南北鎮村の内外にあり、定窯遺跡の最も東に位置している。南北鎮内にはかつて瓷業の中心となる龍泉鎮が置かれていた。現在は北鎮新村となっているが、その内外には多くの工房遺跡が分布している」[16]。

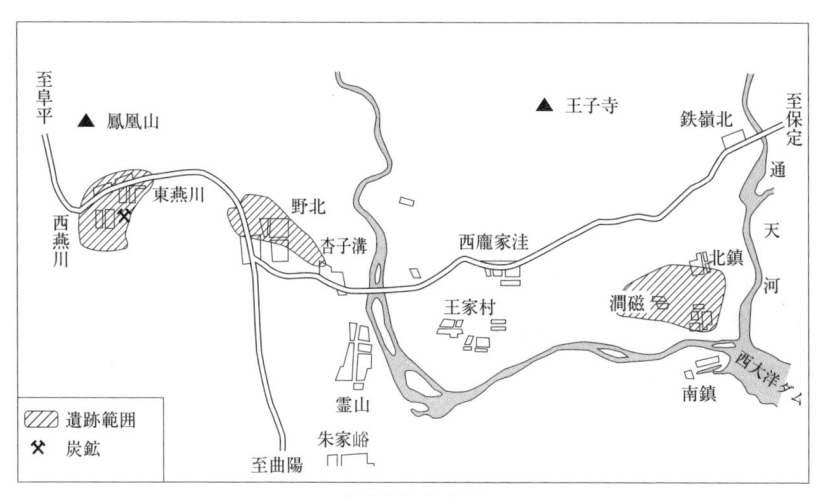

定窯窯跡分布図

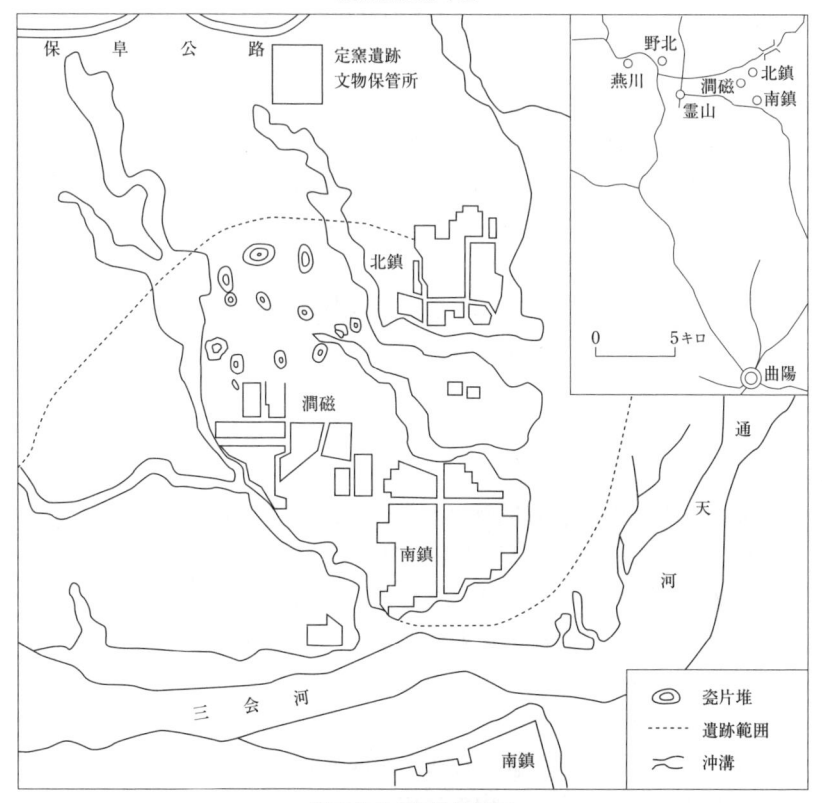

澗磁村定窯遺跡位置図

第1章◆はじめに　19

澗磁村定窯遺跡　　　　　　　　　　瓷片・窯具の堆積

　澗磁嶺区は、「澗磁村の北にあり、東は泉水溝を境に南北鎮区と隣接し、西隣りの澗磁村西区とは白石溝で区切られている。澗磁嶺では基本的に遺跡の原形が保たれ、地表地中を問わず至るところが窯や工房の跡で、一面に瓷片、窯道具、瓦礫がうず高く積もり、その厚さは10メートル以上に達するところもある。澗磁嶺区内には現在でも大小さまざまの廃品の山が13ヶ所で確認され、現地では〝瓷片堆〟（じへんたい）と呼ばれている。それらは定窯遺跡の格好の目印ともなっている」[17]。

　澗磁村西区は、「澗磁村の西にあり、東は澗磁嶺区に面している。ここではまだ発掘は行われていないが、崩落した崖の断面に窯や工房の跡が散見され、大量の匣鉢（さや）や支圏（しけん）〔リング状の支焼具〕、瓷片などが堆積している場所もある」[18]。

　野北区は3ヶ所の中で最も規模の小さい窯跡区で、澗磁区と燕川区の間に位置し、「野北村と杏子溝村の一帯に大量の匣鉢、支圏、瓷片が堆積している。野北村の北隅、曲陽と阜平をつなぐ道路の東西両側からは、考古調査と発掘によって多くの窯や工房の遺跡が発見されている」[19]。

　燕川区は、「定窯遺跡の西端にあり、西区と呼ぶこともできる。本区は東西燕川村の内外に広がり、澗磁区に

次ぐ定窯遺跡の中心区域となっている。東西の燕川両村にはかつて澗磁嶺の'瓷片堆'と同じような廃品の山があったが、現在は平らにならされて家屋が建てられている。考古調査と発掘の結果、東西燕川村の間の'大寺'旧跡や国営'二礦'の広庭、西燕川村西南の'坑子地'住宅付近など、いずれの地点からも工房遺跡や遺物が発見されている」[20]。

考古調査の結果をもとに、河北省文物研究所では澗磁、北鎮、燕川、野北にある7つの地点を選び、相次いで発掘を行っている。この発掘の規模は1960年の第1次の試掘をはるかに上回るもので、発掘総面積は2000平方メートル近くに達し、大量の窯や工房、施設などの遺跡が発見され、出土した瓷器、窯道具、銅器、鉄器、貨幣などが1万余件、瓷片資料は37万余片にのぼった。これらの大量の資料は科学的かつ系統的な研究を進める上で欠かすことのできない貴重なものとなった[21]。

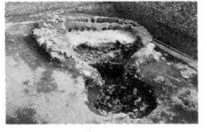

金代の窯跡

焼造の歴史と編年

定窯の編年については、すでに以前から多くの研究があり、さまざまな意見が提出されている。まずそれらを整理し再検討することから始めてみよう。
定窯の時代区分については主に次のいくつかの説にまとめることができる。

1 晩唐、五代、北宋の3期区分[22]。
2 唐、五代、北宋、金、元の5期とし、うち北宋を早・中・晩の3期に細分[23]。
3 晩唐〜五代、北宋〜金の哀宗・天興3年(1234)、金の天興3年〜元の至正28年(1368)の3期区分[24]。
4 唐〜五代、北宋早期〜中期、北宋晩期〜金代の3期区分[25]。

1の時代区分は、1960〜62年に河北省文物工作隊が澗磁村遺跡で部分的な発掘を行った際に、堆積層の層位関

第1章◆はじめに　*21*

＜発掘中の五代窯跡（2004.5現在）＞

係や古文献の記載を参考にして導き出されている[26]。当時は墓葬からの出土資料も少なく、年代の明らかな出土品を基準作例として、時代の前後関係を考えるということは望むべくもなかった。その結果として各堆積層それ自体の年代観にも齟齬が生じている。

　例えば第1層（試掘報告では北宋文化層とする）から出土した刻花や印花の白瓷はかなりの部分が金代の製品とされるべきだろうし[27]、第3層（報告では晩唐文化層とする）出土の黄釉の碗にしても、真っすぐにのびた口造りや、深めの形、やや内湾した平底に3個の目跡が残されるなどの点は初唐期の特徴といえる。事実、同じ層から出土した平底の浅い碗については、「外面に黄釉、内面には白釉が施され、厚作りで手取りは重く、粗製の感があるなど、この種の碗には唐代早期の典型的な作風を認めることができる」[28]との見解も示されている。この堆積層については唐代早期から中期のものとすべきだろう。とすると1、3両層に挟まれた第2層（報告では五代文化層とする）には当然晩唐から五代の時代が与えられることとなる。この時代区分は提出された年次も早く、また窯跡の試掘が根拠とされていることもあって、定窯の編年の主要な枠組みとして長い間用いられることとなった。

　2の時代区分は、多くの年代の明らかな墓からの出土資料を基準に前後関係を考え、窯跡からの出土資料と対照しながら検証を加えたもので、その意味ではかなり科学的で信頼性のあるものともいえる。この時代区分では宋代に重点が置かれ、北宋は早・中・晩の3期に細分される。早期は太祖の建隆元年（960）から真宗の乾興元年（1022）、中期は仁宗の天聖元年（1023）から神宗の元豊8年（1085）、晩期は哲宗の元祐元年（1086）から欽宗の靖康2年（1127）となっている。しかし宋代以前は厳密な区分には含まれず、要点の簡潔な記述にとどめられ

ている[29]。

　この説は各種の時代区分の中で最も細かいものといえるが、現在から見ると、当時編年に利用できた資料は北宋早期こそ比較的恵まれてはいたものの、それに比べると中・晩期の例はまだまだ不足していた。その結果として中・晩期の区分の根拠には曖昧さが残されたままとなっている。このほか、金代の墓から出土した定窯の中には、北宋、遼墓出土の定窯と非常に似通った作風を示す作例があり、それらを相互に区分する説明が不十分である。したがって、この編年案ではより詳細な時代区分への志向が示されてはいるが、その整合性については改めて検討する必要がある。

　3の時代区分は、焼造技法や原料などの問題にまず着目し、墓からの出土例や窯跡の資料を総合して考えられたものである。この時代区分の長所は、陶瓷生産は歴史的な時代区分とは必ずしも完全には一致しないとの認識にあった。こうした観点は、晩唐と五代、北宋晩期と金代の定窯をはっきりと区別することが難しいという現実の情況とも対応している。実際の鑑定などの作業においては極めて実用的な時代区分といえる。

　4の時代区分は3とほとんど同じであるが、時代区分により合理的な考え方が示され、各時期に含まれる定窯は技術的特徴や造形表現で極めて密接な関連をもつものとなっている。現在のところ、かなり科学的な時代区分案といえる。

　以上4種の説が発表された年次は1から順に、1965年、1983年、1983年、1987年で、時間の推移につれて資料も増加し、より完全な時代区分が提出されるようになってきた。

　いったい、陶瓷器の作風の変化は複雑で、政治、文化、宗教、技術、また当時の美意識など多くの要因が絡み合い、時代の交替とは必ずしも一致するものではない。特

に一定の発展段階にまで達した製品が、複数の時代に跨って生産されることは決して珍しくはない。科学的な編年に必要なことは、歴史的な時代区分に従って機械的に区切ることではなく、作品自身の自律的な発展法則に準拠することでなくてはならない。従来の研究成果を集約し、最新の出土資料を参照して得られた結論は、現在のところ次の4期区分である。すなわち唐代早期から中期、晩唐から五代、北宋早期から中期、北宋晩期から金代の4期で、各時期の特徴はおおよそ次のようにまとめることができる。

第1期（唐代早期から中期）

　創業から徐々に成熟へと向かう初歩的段階の時期。窯跡出土の瓷片資料からいうと、最下層に見られたのは粗い胎土の黄釉瓷と褐釉瓷で[30]、なかでも、外面が黄釉で内面が白釉の浅い平底碗の資料が多く、ほかに口縁を真っすぐに造った深い碗が少量含まれていた。それらは明らかに定窯の草創期の製品であり、造形には唐代早期の典型的な時代特徴が示されていた。

　一方、同じく窯跡から出土した、叩き目のような縄蓆文をもつ黄釉の水注、三足香炉や白化粧の白瓷などは、胎土は色こそ濃いめではあるが肌目細かく堅く焼きしまり、釉面もよく熔けて明るい光沢を見せていた。唐代早期の資料と比較してみると、窯芸技術や全体の品質の面で明らかな向上が認められることから、それらの製作年代を唐代中期と考えることができる。唐代中期の定窯では、黄釉瓷から白瓷への転換がすでに達成されつつあった。当時の白瓷はその多くが釉下の白化粧を必要としているが、胎土の質と釉色にはかなりの幅が見られ、一部の丁寧に作られた器皿はすでに精質な白瓷のレベルに達していた。唐代中期という時期は、定窯が粗製品の焼造から精質瓷器の焼造へと脱皮する過渡的な段階であった

といえる。

第2期（晩唐から五代）

　定窯はこの時期に最初のピークを迎える。精質の白瓷の焼造技術はすでに完全に成熟し、胎土は精白色で、断面では瓷器化の程度が高いことが観察される。釉色や釉肌に安定感を欠くものの、すでにその多くは白く光沢のあるもので占められていた。科学的な測定によって陶瓷器としての完成度を計ると、この時期の定窯白瓷の胎土と釉のデータは歴代の定瓷のなかで最も高品質で、宋〜金代の刻花や印花の白瓷よりはるかに優れたものである。瓷器化が進んで透明度が増したために、薄作りの白瓷には通常かなり良好な透光性が備わっている。

　この時期は窯跡以外の出土資料も比較的豊富で、編年の基準となる紀年墓として次の例を挙げることができる。

1　河北省霊寿の唐・景福2年（893）墓[31]
2　浙江省臨安の唐・光化3年（900）銭寛墓[32]
3　浙江省臨安の唐・天復元年（901）水邱氏墓[33]
4　河北省曲陽の五代・同光2年（924）王処直墓[34]
5　江蘇省連雲港の五代・呉・大和5年（933）王氏墓[35]
6　安徽省合肥の五代・保大4年（946）湯氏墓[36]
7　内蒙古赤峰の遼・応暦9年（959）駙馬贈衛国王墓[37]

このほか紀年資料ではないが、1997年に曲陽澗磁村の晩唐墓群から出土した数十件の白瓷[38]や、陝西省西安の火焼壁窖蔵〔貯蔵穴〕出土の「官」字銘白瓷[39]なども晩唐、五代の定窯瓷器を考える上で重要な資料となっている。

第3期（北宋早期から中期）

　加飾表現の面で大きな転換となった時期。晩唐、五代の発展を経て、高い品質の白瓷を製作する技術は完全に

掌握され、その基礎の上に器形にも変化や新機軸が打ち出されたが、この時期になると器面を文様で飾ることに関心が向けられるようになる。主要な文様は深い彫りの蓮弁文や大ぶりの牡丹唐草文で、針状の工具による細い線彫り文様が併用される場合もある。当初の施文技法やモチーフは主に越州窯や耀州窯といった先行諸窯のそれに倣ったもので、独自の作風を形成するまでには至っていない。

　1985年から87年にかけて河北省文物研究所が定窯窯跡の２度目の発掘を行った際に、北宋中期の堆積層から、刻劃花文と印花文の白瓷片が出土している。刻劃花文は鋭く力強い彫りと伸びやかな文様表現で際立ち、印花文の浅く浮き上がった鮮明な文様はこの技法ならではのものであった。北宋中期の例としては遼墓からの出土品があり、北京豊台の石棺墓から出土した刻萱草文六輪花盤などもその好例といえる。北宋中期は加飾表現の面で典型的なスタイルが確立されつつある段階にあったことがわかる。北宋後期になると、刻劃花や印花の技法も円熟し、焼造の最盛期を迎えるとともに、定窯独自の作風が形成されるようになるが、北宋中期はまさにその先駆けとなる時期であった。

　北宋早期は墓や仏塔の地下施設など紀年資料にも比較的恵まれ、次の発掘例などが編年に利用されている。
　1　北京の遼・統和13年（995）韓佚夫婦墓[40]
　2　河北省定州の北宋・太平興国２年（977）静志寺と至道元年（995）浄衆院のふたつの仏塔地下埋納施設[41]
　3　北京順義の遼・開泰２年（1013）浄光舎利塔地下埋納施設[42]
　4　内蒙古哲里木盟の遼・開泰７年（1018）陳国公主および駙馬合葬墓[43]
　5　遼寧省朝陽の開泰９年（1020）耿延毅夫婦墓と太平

7年（1027）耿知新墓[44]
このほか紀年は欠くものの、遼寧省の
　6　法庫葉茂台遼墓[45]
　7　北票水泉一号遼墓[46]
　8　建平張家営子墓と硃碌科墓[47]
なども墓室の構造や伴出した遼の陶瓷から明らかに遼代早期のものと考えられ、出土した定瓷は貴重な参考資料となっている。

　一方、北宋中期の紀年墓出土例は早期に比べてかなり少なく、
　1　北京豊台の遼・重熙22年（1053）王澤墓[48]
　2　江蘇省鎮江の北宋・熙寧4年（1071）章岷墓[49]
　3　遼寧省阜新の大康元年（1075）蕭徳温墓[50]
などがあるのみである。紀年を欠く参考資料としては、
　4　北京豊台の遼代石棺墓[51]
　5　北京府右街の2基の遼墓[52]
がある。

第4期（北宋晩期から金代）
　定窯が隆盛を極めた時期。流れるような彫り文様をもつ刻花瓷器は端然とした気品を湛え、印花瓷器は華やかな装飾性を見せる。そうした完成された作風は、覆焼（ふせや）き技法の確立とともに定窯が絶頂期に到達したことを示す指標となっている。古文献に見える定瓷についての記事や描写、また内外の博物館に収蔵される定瓷もそのほとんどはこの時期の作品といってよい。
　この時期の定窯がとりわけ得意としたのが精緻な美しさを見せる刻花や印花の白瓷であった。早期の刻割技法を基礎としながら、さらに薄作りの器体にふさわしい櫛目（くしめ）彫りの施文法が編み出され、文様表現は完成段階に達した。流麗かつ遒勁（しゅうけい）な刻線は動感と活力に溢れ、一方豊麗を極める印花技法は強い装飾性を発揮した。また、

印花の模子〔型〕を利用することで、製品は同形同文の規格化されたものとなり、大量生産にも大いに適応するようになった。

北宋晩期の紀年墓出土資料は極めて少なく、
　1　内蒙古昭烏達盟の遼・寿昌5年（1099）尚瞕符墓[53]
　2　北京西郊の遼・天慶3年（1113）丁文遺墓[54]
が知られるのみである。それに比べて金代および南宋代は多く、
　1　北京通県の金・大定17年（1177）石宗璧墓[55]
　2　遼寧省朝陽の金・大定24年（1184）馬令夫婦墓[56]
　3　江蘇省江浦の南宋・慶元5年（1199）張同之夫婦墓[57]
　4　江西省吉水の南宋・宝祐2年（1254）張宣義墓[58]
などがある。

このほかに参考資料として紀年銘をもつ印花の模子がある。曲陽県北鎮村から3件が出土し、また大英博物館とデイヴィッド財団に3件が収蔵されているが、いずれも印花の作風を考える上で貴重な資料となっている[59]。今後新しい資料の増加とともに、定窯の編年もより正確で完全なものになっていくと思う。

第2章 定窯瓷の種類

黄釉

唐代の華北の窯場で広く生産されたもので、定窯では唐代の早・中期に流行した。窯跡からの採集品や発掘資料を見ると、早期の例は厚手で重く、緻密さを欠く粗い胎土には多くの夾雑物（きょうざつ）が含まれていた。主な製品は碗の類で、粗く厚い器体や不揃いな器形など、初歩的な段階にあることは明らかである。その中に外面上半部が黄釉、内面が白釉の浅めの平底碗があるが、これは唐代の定窯に特徴的な器種で、河北の他の窯場ではほとんど見ることがない。唐代の中期になると、黄釉瓷の質は明らかに向上し、緻密な胎土は堅く焼きしまり、むらなく熔けた釉肌は明るい光沢を見せるようになる。よく見られる器形には、水注、壺、三足香炉などがある。（カラー図版1）

黄釉縄蓆文水注

黄釉藍彩縄蓆文水注

褐釉

褐釉瓷の流行時期はほぼ黄釉瓷と重なり、生産量こそ黄釉に比べて少ないものの、この品種も定窯の草創期の製品といえる。実際のところ、こうした褐釉瓷は黒釉瓷の早期のものと考えるべきである。ただし釉色の濃度が充分な黒さには至らず、ほとんどが灰褐色や褐緑色となるなど、色調は不安定な例が多い。黄釉瓷と同じく、粗く緻密さに欠ける胎土には多くの夾雑物が含まれていた。主な器形は碗、鉢、壺や瓢形瓶などで、碗の類は多くが外面を褐釉、内面を白釉にしている。その造形も前述の外面が黄釉となる白釉の浅い碗には、一様に見込み

に3個の目跡があり、胎土、釉ともにかなり粗製のものであった。

白瓷

　白瓷は定窯を代表する品種で、唐から金、元に至る700余年の間、最も主要な製品として生産され続けた。唐代早期の白瓷は粗製である。胎土は同期の黄釉や褐釉と同質で、化粧土を塗ることによって表面を整え、白さを際立たせることが必要であった。唐代の中期以降、製品の質はめざましく向上し、水簸などの精製処理によって夾雑分は大幅に減少する。しかし、なお原料に含まれる鉄分は多く、胎土が浅灰、灰白、灰黄などの色を帯びるため、依然として化粧土は使用された。よく見られる器形には、碗、鉢、壺、水注などがある。窯詰めの方法は、器と器の間に三叉形の支焼具を挟んだ重ね積みで、やや丁寧な製作では匣鉢に仰向けに入れて焼造する方法も採られるようになった。

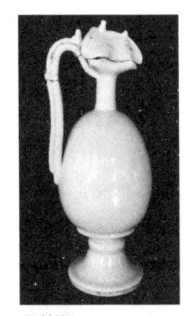

　晩唐、五代の時期になると、精質の白瓷を製作する技術はほぼ完全に掌握され、白瓷の優品が大量に焼造される。その器形も盤、碗、壺、水注といった伝統的なもののほかに、塔形壺、鳳首瓶（カラー図版6）、曲杯（カラー図版11）、承托〔碗形品を受ける台〕（カラー図版8・13）と盞、茶碾〔薬研〕（カラー図版10）などが見られるようになる。瓷器化が進んだ胎土は純白で堅く焼きしまり、釉色はかすかな青味を帯び、よく熔けた釉肌は潤いのある光沢を見せる。しかし発色の安定度はまだ充分とはいえない。

　現在までに知られている出土資料を見ると、この時期の定瓷が極めて広い範囲に分布していることがわかる。中国の南北で少なからず見られることはもとより、交易品として遠く海外にまで運ばれている。また内外の市場の需要を満足させるだけではなく、「官」「新官」銘の製

鳳首瓶

「官」銘曲杯

把杯・托

盞托

薬研

品からもうかがえるように、この時期の定窯は貢納品としての性格も帯びていた。以上のことからわかるように、晩唐、五代の時期は定窯の歴史の中で最初のピークが訪れた時であった。

　陶芸上の技術も晩唐、五代期を経て発展を続け、北宋代にはいよいよ完成の域に達する。そうした技術的な基礎の上に、器形にも変化や新機軸が見られるようになり、さらにその関心は器皿を文様で飾ることに向けられるようになる。この時期に新しく現れた器形に浄瓶（カラー図版23〜26）、香炉（カラー図版32〜34）、蓮弁文蓋付壷（カラー図版29〜31）があり、また石榴（カラー図版52）や桃などの果実を象った盒子や法螺貝（カラー図版76）、亀（カラー図版77）、肩輿（轎）（カラー図版75）など細工を駆使した精巧な製品から、型を用いた人物や動物の枕に見られる美しい造形に至るまで旺盛な創作意欲が示される。北宋後期から金代になると、精美を尽くした刻花や印花の白瓷で定窯は独自の性格を確立する。その流麗で鮮明な施文技法はたちどころに全国に広がり、景徳鎮をはじめ多くの南北の窯場に影響を与えることとなった。器形については、製品の大部分は盤、碗、洗などで、瓶、壷、水注といった立体的な器物は比較的少なく、全体的に見て製品のバリエーションは前代の多彩さには欠ける。

　窯詰めには先進的な'覆焼き'の技法が採用され、その結果この時期の盤や碗などは高台畳付きまで釉が掛けられ、口縁は無釉となっている。一般に薄作りで堅く焼成されるなど胎質は安定感に富むが、ほとんどの産品がかすかに生焼け気味で、完全な焼結段階にまでは達していない。断面で観察される瓷器化の程度にもやや不充分な点は認められ、胎土の色も以前のような光沢のある純白のものではない。この時期は釉の発色も相対的に安定し、ほとんどの例がかすかに黄味を帯びた白色のいわゆる象牙色で柔和な質感を湛え、透明度が高いために、刻

花や印花の文様も鮮やかに浮き上がって見える。北宋後期から金代の定窯白瓷は胎土の質という面では、晩唐五代や北宋前期に比べ劣る点があった。その原因としては、早期に使用した優良な瓷土が枯渇し、新しく採掘した原料の質が前代のものには及ばなかった、ということが考えられる。

黒釉

　定窯の黒釉瓷は北宋代に完成され、その美しい作品は、'黒定'(こくてい)'墨定'(ぼくてい)とも称されている。元末明初の人、曹昭(そうしょう)が撰述した『格古要論』(かくこようろん)に「墨定というものがあり、色の黒いことは漆のようである」とあるのは、間違いなく北宋の定窯で作られた上質の黒釉瓷を指している。定窯遺跡出土の黒釉瓷片からも曹昭の見解は確かめることができ、漆黒の釉面は光沢に富み、人の顔が映るほどであった。胎土は同期の白瓷と同質のもので、肌理(きめ)の細かい純白の胎土と漆黒の釉は強烈な対比を見せ、雪のような胎土の白さはいっそう強調された。器形は碗や盤が多く、とりわけ直線的に開いた笠を倒立させた形の碗は、丁寧な作調で際立ち、また遺例にも恵まれている。

　こうした笠形の黒釉碗は、伝統的な窯詰め法、すなわち仰向けの姿勢で焼成され、高台には釉が掛けられずその部分には胎土の白さがくっきりと現れている。釉面は光沢に富む漆黒に覆われているものの、口縁部では釉が薄くなり、黄褐色を呈する。造形的な特徴、胎土の質や焼造技術などから見ても製作年代は北宋早・中期と考えられ、当然覆焼きの技法はまだ普及していなかった。黒釉の焼造では、釉面に黄褐色や銀白色の斑文が浮き出るいわゆる'窯変'現象がしばしば発生し、窯跡出土の黒釉資料にもその例は多い。

　北宋後期から金代になると、黒釉瓷の焼造技術それ自体がすでに華北全域で円熟期を迎え、河北、河南、山西

などの白瓷窯場のほとんどで黒釉瓷の焼造も行われた。光沢のある黒色や黒褐色など釉調はさまざまであったが、胎土の質は北宋定窯のものには及ばなかった。この時期、定窯の白瓷と黒釉瓷の胎土の質は、北宋の早・中期のそれに比べて明らかに劣り、胎土の色もかすかに灰味がかかり瓷器化の程度も充分ではなかった。黒釉瓷によく見られる器形は、碗、盤、瓶、壺などで、華北の他の窯場の製品とも大きな違いはなくなっていた。こうしたことからも、文献にいう'墨定''黒定'は、北宋早・中期の上質の白胎黒釉瓷を特に指したものと考えることができる。(カラー図版79)

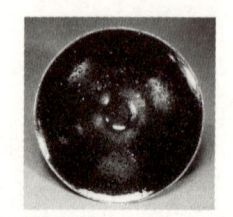

黒釉金彩蝶牡丹文碗

醬釉

　定窯の醬釉〔柿釉〕瓷は鑑賞の世界では'紫定'の名で称えられ、『新増格古要論』に「紫定というものがあり、色は紫である。墨定というものがあり、色の黒いことは漆のようである。土は俱に白く、その価は白定よりも高い」とあるように、高い評価を受けている。実際のところ定窯の醬釉瓷は呈色の範囲が広く、その中にはさまざまな色調の製品が含まれている。窯跡の出土資料を見ると、大多数は浅い醬黄色〔中国産赤味噌の色〕で、そのほか赤味の勝った醬紅色や黒褐色の例があり、大量の資料に窯変現象が見られた。こうした呈色の不安定さは北宋期の定窯では醬釉瓷の焼造技術が未完成であったことを物語っている。定窯の醬釉瓷については、宋代の筆記に見える「定州紅瓷器」[⑱]との関連がいわれているが、それも醬色釉の赤味が強く現れた種類と推測することができる。

　定窯遺跡の出土資料を見ると、醬釉瓷の胎土は精白色で堅く焼きしまり、仰向けの姿勢で窯詰めされ、高台部分は無釉となっている。器形には碗、盤のほかに瓶、盒、壺などがある。醬釉瓷の釉の成分や、発色のメカニズム

は黒釉瓷と基本的には同じであるが、焼成温度は黒釉瓷より高くなっている。遺跡出土の瓷片の断面では、醬色の層は釉層の表面をごく薄く覆っているだけで、その下の釉層は黒色のままという極めて興味深い現象が観察された。醬釉瓷の窯変現象も多彩で、とりわけいわゆる'油滴(ゆてき)'と呼ばれる窯変斑は生彩を放っている。醬紫色の釉一面に大小さまざまの結晶斑が浮かび上がったさまは、有名な建窯(けんよう)の黒釉油滴にも匹敵する神秘的な美しさを湛(たた)えている。

　金代の定窯では覆焼きによる醬釉瓷器の焼造が行われ、印花文の器皿も見られるようになるが、北宋代に比べ胎、釉の質は明らかに低下している。1975年に吉林省哲里木盟の窖蔵から醬釉印花文碗3件（カラー図版89）が発見されている。型押しによって浮き立たせた細い線で内面を6つに区切り、それぞれの面に花弁文様を配している。釉色は濃い褐色で、盛り上がった文様部は釉が薄く明るい色調となって画面に変化を与えている。胎土の色は灰味がかかり、釉面も光沢に欠けるなど、印花施文という要素は加わっているものの、全体的な品質は早期とは遠く隔たっている。

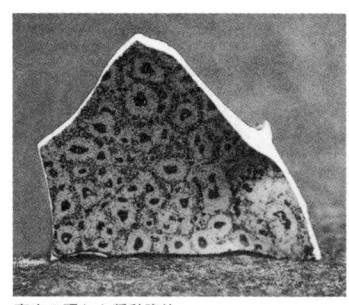

窯変の現れた醬釉瓷片　　　　醬釉印花花卉文碗

緑釉

　定窯で焼造された緑釉は、いずれも鉛を熔剤とした低火度で熔けるもので、胎土には陶胎(とうたい)と瓷胎(じたい)とがある。例

えば定州市博物館所蔵の緑釉掻落し枕（カラー図版92）や一部欠損のある緑釉浄瓶（カラー図版82）、定窯遺跡出土の緑釉瓶残欠などはいずれも陶胎である。定窯の緑釉について馮先銘氏は次のように述べている。

緑釉掻落し鴨蓮文枕

「1957年、澗磁村で2件の〔緑釉〕破片を見つけた。1片はかなり小さく無文であったが、もう1片は盤の中心部の破片で雲龍文が彫られ、鱗などの彫り方は定窯白瓷の龍文と同工であった。……この2片の胎土は精細で白く、定窯白瓷の純白の胎土と同じである」[61]。

定窯の緑釉瓷の焼造量は極めて少なく、完全な形で伝わるものは前述の緑釉枕のみといってもよい。

第3章　窯詰めの方法

　目積み（めづみ）　製品を重ね積みして焼造するための手法のひとつで、重ね積みによって窯室空間はより有効に利用され、コストの低減や生産量の増大へとつながる。こうした窯詰めの方法は器皿の間に挟む間隔材の形状によって幾つかに分けられ、先端の尖(とが)った支焼具による目積みのほかに、平円形や球状の支焼具、また砂粒が間隔材として使用される例もあり、あるいは窯道具を使わずに製品の接触部分の釉を剥(は)いで直積(じかづ)みにする方法もある。重ね積みの利点は資材の削減や焼造量の増大にあったが、一方で碗や盤の内面や底部に目跡が残ってしまうという欠点があった。

　定窯でもその草創期には主に目積みの方法によって碗や盤などが焼成され、先端に突起を作った三叉形の耐火土製支焼具が多く使用された。重ねる際は支焼具の尖っている方を器皿の内面に置き、その上に次の器皿の高台を置いて、以下順に繰り返して積み上げてゆく。当然先端部分に上からの荷重がかかり、焼成段階では器胎にまでくいこんで、窯から出された製品には3つの目跡がくっきりと残されることとなる。

　匣鉢積み（さやづみ）　中国では'覆焼き'に対して'正焼'または'仰焼'とも呼ばれる。文字通り製品を仰向けの正しい姿勢で匣鉢にいれ、その匣鉢を柱のように積み重ねる窯詰め法。匣鉢は製品に適した形状に作られ、施釉を終えて仰向けに置かれた製品を炎熱の直射から守り、製品が互いに接触しないための間隔材ともなっている。器面を汚す煙や降灰の影響を排除して美しい釉面が確保され

るとともに、製品にムラなく熱が伝わるなど、匣鉢の使用は品質の向上に大いに役立った。

　定窯でも少なくとも唐代中期の頃には匣鉢の使用が確認されているが、早期の匣鉢は粗製で、各種の形や厚さなどにも統一的な規格は見られず、試行段階であったことは明らかである。この技法が完成するのは晩唐期になってからで、匣鉢の形状や規格も基本的なものに定型化された。よく見られるのは筒形と漏斗形の2種の匣鉢で、筒形の匣鉢は主に瓶、水注、壺などに、漏斗形の匣鉢は盤や碗などに使用された。晩唐期の「官」「新官」銘の定瓷や、北宋早期の仏塔地下施設から出土した精美な定瓷などもすべてこの方法で焼造されている。

　覆焼き法　定窯で北宋中・後期から金代にかけて用いられた新しい窯詰め法のひとつ。'覆焼き'という呼称は'正焼'に対して言ったもので、器皿は裏返され、口部を下に向けて窯詰めされる。南朝の時にも鋸歯状の突起のある支焼具を間隔材として覆焼きが行われた例はあるが、通常覆焼きといえば宋代の定窯で考案された、器皿の口縁の釉を剥ぐ方法を指している。

　定窯で覆焼きが始まったのは一般に北宋中・後期とされ、支焼具には盤形やリング形など数種のものがあったが、リング形のものが最も一般的であった。リング形の支焼具は同一規格の製品の重ね積みに使用され、製品が掛けられるように、断面は'L'字形になっている。窯詰めの際には覆せた碗や盤の口縁をその部分に掛けて置き、さらに支焼具を重ねて碗や盤を置くという具合に繰り返して積み重ね、多い時には2、30層まで重ねることができた。こうして積み上がった一組一組はさらに「全体を保護するために匣鉢と組合せる。一組ごと匣鉢に入れ、それらを窯柱の上に積み重ねた」[62]。

　盤形の支焼具はほぼ直線的に開いた形で、口部は薄く底部は厚めに作られている。大きさの異なる製品の窯詰

めに使用され、底部に最小のものを置き、盤形の内壁に沿って次々とより大きな器皿を重ねてゆく。このように覆焼きでは器皿の口縁が直接支焼具と接するので、熔着を防ぐためにあらかじめ口縁の釉を剥ぎ取っておくことが必要となる。その結果、覆焼きによる製品は、高台には釉が掛けられているものの、口縁は無釉となっている。

覆焼き法の導入によって単位面積あたりの焼造量は大幅に増加し、また口縁全体が支焼具に接することで荷重は均等化し、変形率が減少するとともに、より薄い器皿の焼成が可能になった。この先進的な技法は瞬く間に景徳鎮をはじめ多くの窯場に広がっていった。

熔着した覆焼きの碗

直積み 単純かつ効率的な重ね積みの手法で、主に碗や盤の焼成に用いられた。中国で'渋圏畳焼法'といわれるように、器皿の内面の釉をあらかじめリング状に削り取ってザラついた胎土を露出させ〔渋圏〕、その上に直接他の器皿を重ねることができるようにしたもので、熔着等の事故を防ぎながら一定の生産量を維持する現実的な対処法であった。施釉後の器面に上に乗る器皿の高台より大きめの円形の削りをいれるだけで、ほとんど窯道具などを要しないこの簡便な方法は、金代の華北の窯場ではごく普通に見られるものであった。窯室空間の有効利用はもとより、窯道具の製作にかかる経費も節減された低コストの窯詰め方法で、金代の後期には、定窯の一般日用器にもこの方法が採用されている。

第4章 各時代の作風と表現上の特色

胎土と釉

　草創期の定窯の主要な製品は、粗い胎土の黄釉や褐釉瓷と少量の白瓷であった。窯跡からの資料を見ると、ぽってりとした外観の胎土は、粗い質で多くの夾雑物が含まれている。釉調は明るさや透明感に欠け、釉層は濃淡のムラがあり、呈色も安定していない。黄釉瓷は緑褐色や土黄色（カーキ）となったものが多く、褐釉瓷には黒褐、褐緑などの呈色のものがあり、白瓷も一般に灰色味がかったものとなっている。胎土が粗くまた比較的濃い色のために、施釉の前に白土の化粧掛けが行われた。主要な器種は碗の類で、厚手の粗い作りや斉一感に欠ける器形などプリミティブな性格が顕著であった。

　こうした唐代の粗胎瓷の原料は窯区の付近で産出した。それは現地で‛矸子土’（カンズ）と呼ばれている粘土で、夾雑物が多く含まれている。釉の原料は現地では‛白土’と呼ばれているもので、この両種の原料は澗磁村の付近には豊富に埋蔵されている。澗磁村の北、保阜（保定―阜平）公路[63]の両側や澗磁村の周囲では現在でも多くの小窯で水甕や下水管が焼造されている。完成品の下水管の釉色は黒褐、褐緑、青緑など安定感を欠いたものとなっているが、そうした中に唐代の黄釉や褐釉の発色とよく似た例を見ることがあり、粗く堅い胎土の印象もまた両者に共通している。

　時が移るにつれて定窯の焼造技術は日増しに向上し、唐代の中期には生産量や品質の面で大幅に躍進する。胎土は早期のものとは明らかに異なり、水簸（すいひ）などの精製処

理によって夾雑物は著しく減少し、緻密さや硬度などその性質も格段に優れたものとなった。しかし残留鉄分が高いために依然として胎土が濃いめに呈色することは避けられず、施釉の前には化粧土が掛けられた。黄釉瓷の製作は続けられたものの、その数は明らかに減少し、早期に比べて胎土は細かく、整った形姿で、ムラなく掛けられた釉はよく熔けて潤いのある光沢を見せるようになる。

　白瓷がこの時期の主要な製品となったが、胎土の精粗や灰白、青味のある白、乳白から純白など釉色の変化も多く、いまだ安定性には欠ける状態であった。白瓷の焼造技術が掌握しきれていない、まさに改革の最中の時期といえる。

　晩唐、五代の時期、定窯の白瓷焼造技術は頂点にまで達する。純白の胎土は細かく艶やかで堅く焼きしまり、瓷器化の程度はかなり進んでいる。定窯の700年ほどの歴史の中で、胎土の性質が最も優れていたのがこの時期の製品であった。原料は入念な水簸処理、充分な寝かし期間と揉練を経て精細な素地土に仕上げられ、胎土の質のみについて言えば、白瓷で名高い邢州窯のそれをはるかに凌ぐほどであった。

　定瓷と邢瓷の試料を比較した結果、邢州の白瓷では瓷器化の程度がやや低く、完全には焼結していない例が多く、断面には気孔や夾層がしばしば観察され、吸水率は多くが2〜5パーセント前後と測定され、1.2パーセント以下を示すものは少数であった[64]。一方定窯の胎土は精白堅致で充分に焼結し、瓷器化がかなり進んだ胎には気孔や夾層の発生も相対的に少ない。しかし定窯は成形や施釉の技術で邢州窯に遅れを取っていたため、外観上の完成度では邢州窯に及ばなかった。

　晩唐、五代の定瓷のもう一つの特徴に、精細な薄作りの器体とその優れた透光性がある。窯跡出土の資料を見

ると、この時期の白瓷には厚い作りのものと薄いものの2種類があり、瓶、壷、水注などは厚手の例が多いが、盤や碗には厚薄いずれの例もあり、薄作りの代表的な作例として金銀器の造形に倣った輪花形の碗があった。1960年に定県茖棚院の窖蔵から出土した8件の白瓷輪花碗や、1985年に定窯遺跡から出土した白瓷輪花碗残欠などもそうした例で、薄く作られた器体は軽く、口縁の部分の厚みが1ミリほどしかない例もあった。また霊寿県の唐・景福2年（893）墓からは「官」字銘の白瓷鉢2件が出土しているが、精細で堅く焼きしまった胎土は卵の殻のような薄さで優れた透光性を備えていた。現在のところ、年代が明らかな資料としては最も古い定窯の透光白瓷の例といえる。

　晩唐、五代の定窯白瓷は還元雰囲気で焼成されているため釉色はわずかに青味を帯びた例が多く、釉肌は艶やかで光沢に富み、胎と釉も緊密に結合している。ただし施釉工程はやや丁寧さに欠け、釉面にはしばしばムラが生じている。

　北宋定窯の胎土では、純白堅致という晩唐、五代の特色は維持されたものの、瓷器化の程度はやや劣り、瓷片の断面を見ても晩唐、五代期のような焼結の進んだ緻密さには欠ける。北宋早期には深い彫りの刻花文様が流行したこともあって、器体は相対的に厚くなる傾向があり、北宋の中・晩期に覆焼き法が普及するにしたがって次第に薄作りの器皿が優勢となる。釉の発色は早期ではごくわずかに青味が感じられる例はあったものの、時代が進むに従って純白かすかに黄味を帯びたものが大勢となり、晩期になると若干黄味が強くなる傾向がうかがえる。

　金代に入ってからの定窯では、刻花や印花の施文技法がすでに円熟の域にまで達する一方で、胎土や釉の質は低下の一途をたどる。純白の胎土は一部の精作のみとなり、わずかに灰色を帯び、焼結が不充分で瓷器化の程度

が相対的に低い胎土が大半を占めるようになる。釉は黄味を帯びた白色が主なもので、少数ながら灰色を帯びる例もあり、釉面の光沢もやや乏しいものとなる。

器形

　定窯は唐代の初期に始まるが、その時期は同時に華北の窯業全般が発展した時でもあり、河北、河南、安徽、山西、山東などの各省で続々と新しい窯場が開かれた。創業して間もない窯場にはまだ独自の作風もなく、各窯場の製品は、器形、胎土、釉などの面で共通点が多く、草創期の定窯も例外ではなかった。浅い平底碗、鉢、双耳壺、口縁の丸い壺、水注など、よく見られる器種のほとんどすべてが華北の他の窯場のそれと大同小異のもので、そこに盛り込まれた特徴こそ唐代の典型的な作風であった。

1）晩唐、五代期

　この時期、上質の白瓷の焼造技術をほぼ完全に達成した定窯は、質量ともに前代をはるかに上回る発展を遂げ、その歴史の中で最初のピークを迎える。『重修曲陽県志』によれば、定窯のあった龍泉鎮にはすでに五代の時に瓷器の売買にかかる税金の徴収責任者「瓷窯商税務使」[65]が派遣されていたらしく、当時の盛況をうかがうことができる。現在までの出土資料を見ると、晩唐、五代期の定窯は広い範囲に分布し、国内の南北はもちろん、交易の貨物として遠く国外へと運ばれている。

　胎質の向上は当然器形にも影響した。より複雑な造形が可能となり、観賞性と実用性を兼ね備えた美しい器皿が大量に製作される。この時期の定窯の器形は造形的な特徴からおおよそ次のふたつに分けることができる。ひとつは邢窯の器形に類するもので、主なものに盤、碗、鉢、壺、水注などの伝統的な器形があり、また茶盞〔碗〕、

盞托、風炉、茶鍑〔釜〕、茶碾〔薬研〕、茶臼〔つきうす〕など当時流行していた喫茶の用具類がある。もうひとつは金銀器の形式を倣ったもので、よく見られる例に曲杯、把杯、鳳首瓶などがあり、また腹部の瓜割り、口部の輪花や捻り返しなど金銀器に常套の意匠も積極的に取り入れられた。

(1) **邢窯に類した器形**

　碗　浅いものと深いものとがあり、多くは直線状に開く形か口縁を端反り気味に開く形で、口縁を内に抱え込む形のものも少数ある。この時期の碗形品の特徴は、口造りの変化が豊富なことで、前記のほかにも輪花や口縁に厚みをもたせた玉縁があった。玉縁には幅の広いものと狭いものがあり、それぞれ異なる方法で作り出されている。狭い方は器形を整える際に直接削り出されたものが多く、幅広の方は挽き伸ばした口縁を捻り返して巻き込んで作られている。高台には玉璧底〔蛇の目高台。璧は幅広のリング状玉製品で、幅の狭いものが環〕、玉環形のほかにさまざまな厚さの輪高台がある。

　鉢　口部を内に抱え込み、丸みのある腹部に平底という早期からの基本的な形式が踏襲され、厚作りと薄作りの両種がある。曲陽県の五代・同光2年(924)王処直墓⁶⁶から出土した「新官」銘の白瓷鉢は、上部は薄く、底部に近づくにしたがって厚みを増す作りで、厚作りの類に属する例といえる。一方、河北省霊寿県の唐・景福2年(893)墓⁶⁷から出土した2件の「官」字銘の白瓷鉢や、曲陽県北鎮村出土の白瓷鉢などは丁寧な作りで、薄い器体は堅く焼きしめられて透光性に優れるなど、薄作りに属している。

　従来の見方では、早期の定瓷の中で厚作りの素朴な作風のものは晩唐、そして薄く丁寧な作りの例が五代と判断されることが少なくなかった⁶⁸。ところが最近の出土資料を見ると、晩唐、五代の定瓷には精粗両様があり、

白瓷鉢

器体の厚みにもさまざまな例があるなど、ただ単に品質のみで両者を区分できるものではないことが明らかになっている。

盤 この時期の盤形器には創意に溢れた豊富なバリエーションが見られ、中でもさまざまな形式の輪稜花の盤に特色がある。よく見られる形でも3弁花から4、5、6弁花など多種にわたり、さらに各弁の先をふたつに分けた形のものもある。普通の形は花弁の先を尖らせて、各弁の間の切り込みは比較的深くなっているが、ふたつに分ける形式では弁端に小さな弧線が並び、各弁間の曲線も穏やかでかなり浅い切り込みとなっている。

水注 唐代に広く使われた酒器のひとつで、南北のほとんどの大窯場で製作されている。唐代早・中期に華北の窯場で焼造された水注は、雄渾で豊満な形姿、厚く重々しい器体に特徴があり、一般に2本の粘土紐を合わせた湾曲した把手(はしゅ)と短い注口を持ち、平底に作られるものが多い（カラー図版3）。

晩唐期、定窯の白瓷水注は早期の丸みのある重々しい造形を脱却して、軽快ともいえる洗練された姿を見せるようになる。張りのある肩はなだらかな輪郭を見せながら底部に向かって絞られ、器体は薄く、底部には幅の広い輪高台が削り出される。2本の粘土紐で作られていた把手にもしばしば装飾化の手が加えられる。従来のものにさらに細い紐を添え、先端を蕨手(わらびて)に作り、根元を括(くく)るように細い帯で3本の紐をまとめる意匠で、その形から中国では'結帯柄(けったいへい)'とも呼ばれている（カラー図版4）。

茶盞〔碗〕 茶の飲用ははるか昔に始まり、その歴史は中国ではひとつの文化にまでなっている。すでに唐代には喫茶の次第や道具についても一通りの整理が行われ、世界で初めての茶の専門書といわれる陸羽の『茶経』には、「茶の起源や効用が詳述され、思想や文化の面からその歴史的な発展過程が説明されている」[69]。その中

水注

水注

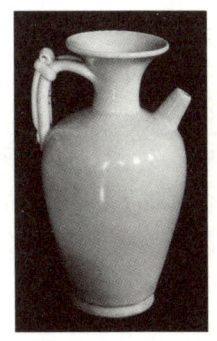

には、いわゆる「茶の二十四器」に代表される、当時の正式な喫茶に使用される茶道具類について詳細に記述されている。

　蛇の目高台の碗は茶の飲用器として唐代に広く流行し、'茶盞'と呼ばれた。食器の碗に比べ、茶盞は小ぶりで丁寧に作られ、器身は直線的に大きく開き口縁を大小さまざまの玉縁形に仕上げた例も多い。定窯の蛇の目高台の碗にも大小さまざまの玉縁があるが、それぞれ異なる方法でこの細工がなされている。一般に碗の成形はまず轆轤（ろくろ）でおおよその形が作られるが、その素地土（きじつち）がまだ軟らかいうちに口縁を挽（ひ）き伸ばし、捻り返して巻き込み玉縁とするのがひとつの方法で、中空となった瓷片の断面からもその細工がはっきりとわかる。基本的な形に挽かれた碗は、さらに回転させながら削ることで仕上げられるが、もうひとつの方法はこの工程で削り出すもので、当然、玉縁部分は中実となっている。

　唐代には茶盞といえば越州窯か邢州窯のものが良いとされた。とりわけ邢州窯で作られた蛇の目高台の碗は規整のとれた端然とした製作で際立っていた。器体は喫茶に適した厚さで、ゆったりとした形には気品さえ感じられる。そうした印象を支えているのが精細周到な削りの技術で、めりはりのきいた高台の削り出しなど細部の処理にも少しの乱れも見えず、口部から底部までその造形は一定の美的水準で貫かれていた。定窯の蛇の目高台の碗は完全に邢州窯の模倣ではあったが、削りや施釉に見られる丁寧さ、完成度の高さでは邢州窯に及ばなかった。定窯の碗は内面こそほぼ平らに仕上げられているものの、外面ははっきりと削り痕を残す例もあるなど往々にして平滑さを欠き、口部や底部など細部の処理にも邢州窯ほどの厳しさは見られない。施釉の面でも、釉層のムラや部分的に厚く溜まったり流れたりする現象がしばしば見られるなど、邢州窯に比べると未熟の感は否めない。

茶碾・茶臼・風炉・茶鍑・盞托　飲茶の習慣は唐代に広く流行し、それとともに茶を点て、飲む際の手順や必要な用具類などにも一連の作法、組合せが見られるようになる。飲茶専用の器物としては、茶碾〔薬研〕、茶臼（カラー図版9）、風炉、茶鍑〔釜〕、茶盞〔碗〕、盞托などの名が文献に見える。茶碾や茶臼で固形茶を磨って粉末にし、風炉と茶鍑で湯を沸かしてそこに茶を投じ、茶盞に酌み分け盞托を添えて飲む。

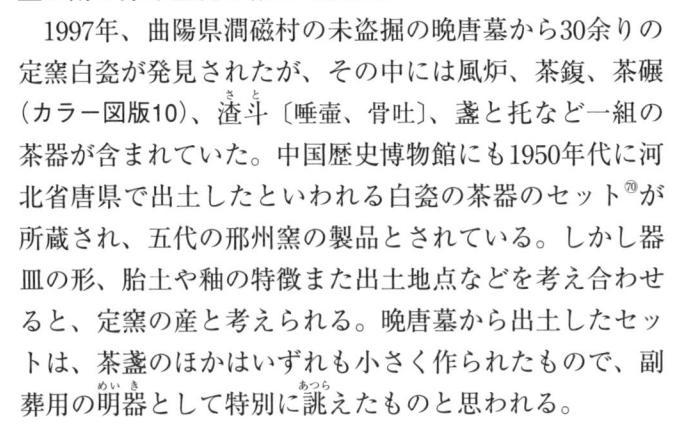

茶臼（擂鉢）

1997年、曲陽県澗磁村の未盗掘の晩唐墓から30余りの定窯白瓷が発見されたが、その中には風炉、茶鍑、茶碾（カラー図版10）、渣斗〔唾壷、骨吐〕、盞と托など一組の茶器が含まれていた。中国歴史博物館にも1950年代に河北省唐県で出土したといわれる白瓷の茶器のセット[70]が所蔵され、五代の邢州窯の製品とされている。しかし器皿の形、胎土や釉の特徴また出土地点などを考え合わせると、定窯の産と考えられる。晩唐墓から出土したセットは、茶盞のほかはいずれも小さく作られたもので、副葬用の明器として特別に誂えたものと思われる。

茶碾（薬研）

（2）金銀器に倣った器形

金や銀の貴金属は古くから富と力の象徴であった。考古資料からも明らかなように、戦国時代の上層貴族の墓からは、精巧かつ豪華な金銀の器皿や工芸品が発見されている。漢代になると支配層にある人々は金銀器の使用を延年益寿、長生不老という観念と結びつけて考えるようになり、そうした特殊な嗜好は魏、晋、南北朝を経て唐代まで続く。上層社会が抱く金銀器への強い憧憬は、唐代の金銀器を大きく発展させ、また諸外国との広汎な交易活動によって西域の金銀器も大量にもたらされた。東西文化の融合によって唐代の金銀器は異国情緒に富む豊麗豪華な作風を身につけ、工芸品の主流として強い影響力を発揮するようになってゆく。

とりわけ唐皇室の工房、文思院で製作された金銀器[71]

は当時の頂点を極めたもので、絶美絢麗を尽くした器皿は芸術作品とも呼べるものであった。しかし「貴金属そのものともいえる金銀器は資源や製作数にも限りがあり、当然それ自体の価値の高さもあってほとんどの人々には手の届かないものであった。唐代の陶瓷はこうした時代の好みに敏感に反応し、金銀器の模倣に取り組んでゆく。早期こそ単純な模倣に始まるものの、やがては陶芸独自の技術と伝統の中で咀嚼され、素材の特性を活かした造形が生み出された。こうして陶瓷製作は新たな方向へと発展を遂げることとなり、中国陶瓷史に新たな時代が訪れる」[72]。

唐代の中期以降、浙江省の越州窯、河北省の邢州窯、湖南省の長沙窯など南北の有力な窯場は、金銀器を模倣した製品を大量に焼造した。晩唐期になると定窯でも金銀器に倣った精美な作例が見られるようになり、原型を忠実に写したものもあれば、翻案と改変を加え陶瓷器の特性を活かしたものもあるなど創意溢れる造形活動が展開される。

曲杯（きょくはい） 唐代に諸外国からもたらされた金銀器は、ササン朝ペルシアやソグド〔中央アジア原住のイラン系民族。唐長安にも多数居住した〕の作風をもつものが最も多く、唐代の工芸に与えた影響も大きかった。ササン朝の銀器に優美な意匠で印象深い杯がある。深めの杯身を八曲形に作り高足を付けた杯で、その形が満開の海棠（かいどう）の花を思わせることから中国では'海棠式杯'とも呼ばれている。

浙江省臨安の唐・天復元年（901）水邱氏墓[73]から出土した「官」字銘の白瓷曲杯（カラー図版11）はその好例で、ササン銀器の長杯の形が見事なまでに写し取られている。こうした海棠式の杯はその形をササン銀器に倣うだけでなく、成形にも金銀器の加工にしばしば見られる'型打ち'の技法が応用されている。所定の形の内型に充分に練り込んだ素地土を押し当てて杯身の形をくっき

「官」銘海棠式曲杯

りと写し取り、削りを加え、表面を撫で整えて仕上げ、高い足の部分は接合される。簡便で速やかに規格化された器皿を作ることのできるこの手法は、当時の先進的な成形技法であった。

晩唐の定窯では、瀟洒な印象に富む小型の曲杯も製作されている。直線的に開いた浅めの杯で、杯身は八曲から四曲に簡略化され、底足の部分も低いものへと変化する。造形上のこうした変化は伝統的な美意識とも合致し、また陶瓷器の特性にも適った処置であった。装飾性は器形だけではなく、ほとんどの曲杯の内面には簡単な文様が表わされ、最もよく見られるものに型押しの魚文のモチーフがある。出土例や伝世品も比較的多く、河北省定州市博物館、上海博物館、台北故宮博物院などに所蔵され、また遠くエジプトのフスタート遺跡からも出土している。

魚文曲杯（台北故宮）

魚文曲杯（定州市博）

把杯　把手の付いた銀杯はソグドの典型的な器形であった。杯身は多くが八稜形や円形で、口部を端反りとして器腹を下に向かって絞り、腹下部と裾部の境にははっきりとした稜が作られ、腹上部に指当てを添えた形の把手が付けられる。直線と曲線が交錯する美しい輪郭は、繊細かつ明朗な気分に溢れ、異域の情緒を存分に伝えてくれる。

この形も陶瓷器に盛んに写され、河南の三彩や絞胎〔練上手〕、河北邢州窯の三彩や白瓷などをはじめ、定窯の白瓷にもひときわ精彩を放つ遺例を見ることができる。成形上の制約もあってほとんどが円形の把杯で、指当ての部分も簡略化された形になるか、省かれるようになっている。そうした好例が臨安の水邱氏墓から出土した白瓷の把杯で、一緒に出土した白瓷の托とセットになっていたものと考えられている（カラー図版8）。端反りの深い杯身に輪高台という形は、唐代の典型的な深い碗のスタイルではあるものの、そこに環状の把手を付ける

把杯・托

第4章◆各時代の作風と表現上の特色

着想は明らかにソグド銀器の意匠によるものといえる。その一方で把手の形は龍の姿へと巧みに変身をとげ、指当ての部分も如意頭形に整えられている。そこに造形化された内容は東西文化の絶妙な融合そのものであった。陶工たちの知恵と感性がそれを可能にした。中国陶瓷は外来文化の模倣と摂取に努めながら徐々に民族的な性格を確立してゆくことになる。

鳳首瓶　鳳首瓶の原型もササンやソグドの銀製の水注にあり、注口や蓋が鳳首形に作られることからこの名がある。定窯白瓷の例に曲陽県澗磁村から出土した鳳首瓶がある（カラー図版6）。ササン銀器の作風に倣った器形で、先を尖らせた花弁形の注口に鳳首形の蓋をのせている。細い頸部はふっくらとした瓜割りの腹部へ続き、その間をつなぐ把手は水注で見られた'結帯柄'の意匠、底部には裾を開いた高脚が付けられている。優美な形姿の瓶で胎土や釉の呈色も申し分ない。ササン銀器の外観上の特徴によりながら、そこに注ぎ込まれているのは中国の伝統文化であり、その意味では東西文化の理想的な結合のあり方を示す好個の例といえる。晩唐の定窯白瓷の中でも類例の稀な精品といってよい。

鳳首瓶

四足壺　晩唐の越州窯や定窯のなかに変わった形の小壺がある。器の四方に肩から紐状の脚部を長く貼り付け、底部に短い足を伸ばす意匠で、臨安の水邱氏墓からもこの形の銀壺が出土していることから、やはり金銀器に倣った新しい器形と考えることができる。越州窯の青瓷四足壺は多くが口部を内に抱え込んだ鉢形の扁円形に作られ、丸々とした腹部に縦筋の脚部がめぐる愛らしい姿は金銀器の原型を彷彿とさせる。

水邱氏墓出土四足銀壺

一方、定窯の四足壺の器形はかなり変化に富んだものとなっている。壺身には円形、楕円形、長方形と多種の例があり、口部を真っすぐに立ち上げ、腹部も平直かわずかに弧を描くようになる。肩と腹部の境をはっきりと

越州窯青瓷四足壺

表わすなど、各部分を際立たせる造形は、柔和な表現のなかにある種の強さを生んでいる。四足（三足の例もある）は獣足形に作られ、壷身に貼り付く長い脚部は扁平となって簡単な文様が表わされている（カラー図版7）。

　金や銀の金属は延性と展性に富み、その特性を活かした加工法によって極めて薄い器皿を製作することができる。それは貴重な材料の節約というだけでなく、薄く軽い器皿は使用の際の利便性にも優れていた。しかし、当然のことながら薄く作られた器物はそれだけ変形しやすくなり、金銀器の設計に際してはしばしば縁を巻いたり、瓜割りにするなどの手法で剛性を補強することが行われた。かなり大きな薄片状の器蓋や高大な撥形の台脚などにしばしば見られるこうした処理は、金銀器に特有な装飾手法ともなり、造形的な美しさを演出すると同時に、剛性の不足を補い、変形を防ぐ役割を果たした。陶瓷器に応用された例は越州窯や定窯に最も多く、よく見られる器形に蓮葉形の盞托がある。もともと可塑性に富む陶瓷器では縁を捻り返す細工は金銀器に比べはるかにたやすく、轆轤で挽いた後に指で縁を折り曲げればすむことであった。

　上海博物館には「官」字銘をもつ定窯白瓷の蓮葉形洗が所蔵されている。簡潔で洗練された姿が印象的な作品で、両端を捻り返したさまは葉先を自然に翻す蓮葉の風情を見せている。これと同工の銀製品が陝西省扶風の法門寺から出土している。それは蓮を象った銀製の仏具で、蓮花に添えられた薄片の蓮葉は同じ意匠のものとなっている。白瓷洗の祖型が金銀器にあったことは明らかではあるが、その加工法や意匠は陶瓷器ならではの軟らかさのなかに巧みに写し取られ、精彩を放つ作品に仕上げられている。このほか越州窯や定窯の製品に高台の縁を外に捻り返した例があるが、それらも金銀器の技法に由来

四足壷

蓮葉形洗

法門寺出土銀製蓮葉仏具

するものと思われる。

　器壁の薄い金銀器では器腹の数ヶ所に縦の窪みを入れる。いわゆる瓜割りの手法がしばしば用いられているが、広い器面を小区に分割するこの意匠は器物の外観に変化をもたらし、またその加工によって全体の靱性も増強された。盤や碗の瓜割りの意匠では、窪みの延長線上の口縁部分にも'Ｖ'字形の小さな刻みを入れる例が多い。こうすることで口部と腹部の意匠上の統一が計られ、また口部のわずかな変形が目立ちにくくなるというメリットもあった。瓷器の場合、瓷土を材料とするものの高温で焼成された後の硬度はかなり高く、使用中に変形する恐れはなかった。その意味からいえば、陶瓷器の'瓜割り'の意匠は、金銀器の製作上の必要性を含む特徴を純粋に加飾の手法として取り入れたものであった。

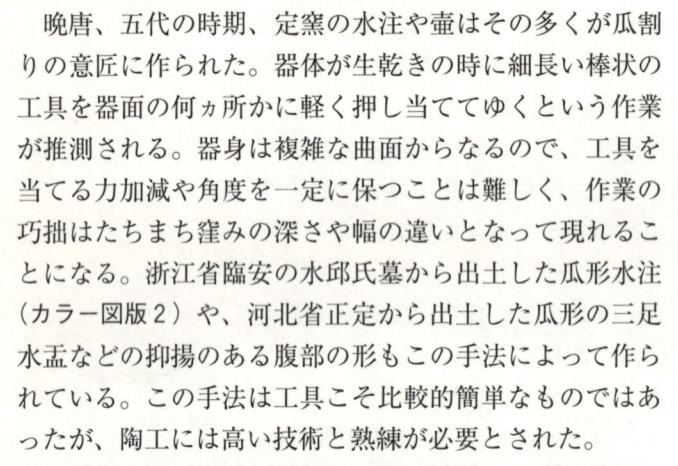

　晩唐、五代の時期、定窯の水注や壺はその多くが瓜割りの意匠に作られた。器体が生乾きの時に細長い棒状の工具を器面の何ヵ所かに軽く押し当ててゆくという作業が推測される。器身は複雑な曲面からなるので、工具を当てる力加減や角度を一定に保つことは難しく、作業の巧拙はたちまち窪みの深さや幅の違いとなって現れることになる。浙江省臨安の水邱氏墓から出土した瓜形水注（カラー図版２）や、河北省正定から出土した瓜形の三足水盂などの抑揚のある腹部の形もこの手法によって作られている。この手法は工具こそ比較的簡単なものではあったが、陶工には高い技術と熟練が必要とされた。

　定窯の盤や碗の瓜形意匠には多くの場合、型が使用されたが、こうした成形技法は実際のところ金銀器の'型打ち'技法の原理を応用したものであった。金工の鍛造の手法は、自由鍛造法と'型打ち'鍛造法とに大別される。型打ちの場合は、まず意図する形、意匠、時には文様などに応じた型を製作し、薄板状の金や銀を密着させ、打ち出しの加工を慎重に繰り返し、型の凹凸をそのまま

銀器の瓜割

水邱氏墓出土瓜形水注

正定出土瓜形三足水盂

金銀器へと写してゆく。晩唐の定窯ではすでに型の利用はかなり進み、海棠式杯、入隅の方盤、また稜線の輪郭をもつ盤や碗の多くが型を利用して作られている。

　実用的な器皿のほかに、定窯では各種の愛らしい人物や動物の小像の製作も行われている（カラー図版70・71）。晩唐、五代の墓や定窯遺跡からも出土例があり、男性、女性、童子からなる人物像は、立像、坐像、騎馬像など各種の形に分かれ、動物俑には鶏、犬、羊、馬、兎などの種類がある。このほか鳳首瓶、水注、渣斗などのミニチュアも製作されている。ほとんどが手捏ねで作られたこれらの小像は、簡潔な細工や生き生きとした描写に特徴があり、数センチの小像を主題に沿った的確なプロポーションに表わす手並みは見事なもので、時には可憐に、時には滑稽にと観る者を楽しませてくれる。

入隅方盤

輪花碗

2）北宋早・中期

　960年、趙 匡 胤〔太祖、在位960〜76〕が後周を廃して宋王朝を興し、群雄が割拠した五代十国の分裂状態は収束される。建国の当初は民衆の負担を極力緩和する政策がとられたこともあって、国内経済は迅速に回復し、製陶業にも空前の発展期が訪れた。南北各地に名窯が相次いで頭角を現し、汝窯、官窯、定窯、鈞窯、耀州窯、景徳鎮窯、龍泉窯など著名な窯場のほとんどがこの時期に大きな成長を遂げる。晩唐、五代期の躍進をうけて定窯の成形技法もいよいよ練達度を高めてゆく。この時期にも依然として金銀器の影響を感じさせる器皿は少なくはないが、すでに前代のような単純で直接的な模倣は影を潜め、金銀器の造形のエッセンスだけを陶芸の中に巧みに取り入れ、陶瓷器の特性を生かした独自の造形が見られるようになる。

人物俑

獅子俑

　五代後期から北宋の初めにかけて、江南呉越国の銭氏は中原王朝に対して臣下の立場をとり進貢を繰り返す

第4章◆各時代の作風と表現上の特色　53

が、貢品の中には大量の越州窯青瓷が含まれていた。宋初の定窯や耀州窯の製品に見られる器形や施文が越州窯の技法作風と極めてよく似ていることからも、貢品として中原にもたらされた上質の越州窯青瓷が華北の陶芸に与えた影響の大きさをうかがうことができる。

北宋早期の紀年墓や仏塔施設からの定瓷資料では、静志寺と浄衆院という定州の寺院跡の仏塔地下施設からの出土品が質量ともに傑出している[74]。出土した瓷器の合計は160余件にものぼり、そのほとんどが北宋早期の定窯白瓷で占められ、器形も盤、碗など通例のもののほかに多くの浄瓶、瓶、壷、香炉、盒また法螺貝、亀、肩輿（輴）を象った珍しい作品と、実にバラエティーに富んだ内容であった。

浄瓶 僧尼が常に所持すべき持物、いわゆる'十八物'のひとつ[75]。仏教の発祥地インドに生まれ、仏教とともに中国へと伝えられた。梵語ではクンディカというが、その発音が漢字に移され、'捃稚迦''君遲''軍持'などと表記される。唐、宋時代には、銀、銅、陶瓷などさまざまな材質の浄瓶が作られ、清水を貯え、あるいは手を濯ぐなど仏徒たちの生活の中で使用された。

定州の寺院跡からは20余件もの浄瓶が出土しているが、肩から上の形はほとんど同じで、長頸瓶の上に漏斗を覆せて置いたように細長い注口を伸ばす形をしている。一方腹部の形はさまざまで細長いものから丸みを帯びたものなど各種がある。肩に付けられた注水口には龍首形のものと円形のものとがあり、円形の中には蓋をともなう例があり、蓋と注水口の先端とに両者をつなぐための小環が付けられている。

そのなかでひときわ目を奪う作品が、浄衆院から出土した高さ60センチの白瓷蓮弁唐草文龍首浄瓶（カラー図版23）で、口、肩、裾に層を重ねた蓮弁、腹部に菊唐草をいずれも鋭い彫りで鮮やかに描き出し、細く長い頸部

蓮弁唐草文龍首浄瓶

は竹のように節を連ねた形に作られる。出土した浄瓶のなかでも段違いの大きさで、意匠、文様ともに卓越した優品といえる。ほかの浄瓶は大体10センチから30センチ前後の大きさで、肩や腹部を精美な蓮弁文で飾る例もあるが、数本の刻線を器身にめぐらすだけのものや無文の例もある。

長頸瓶 カラー図版28は浄衆院から出土した刻花文の長頸瓶で、口を端反りにした長い頸部を丈の低い丸みのある腹部にのせている。肩と腹部の間を突線で区切って、肩には細い花弁を流れるように彫り、腹部には3層の仰蓮弁を彫り出している。さらに銀製の蓋をともない、高台も金属製の覆輪で装うなど、品格と華やかさを備えた姿に仕立てられている。定州の静志寺と浄衆院の仏塔地下からはこの種の長頸瓶が数多く出土しているが、器形は大同小異で、肩と腹部に刻文をもつ例のほか、肩や頸部に突線をめぐらすのみのやや小型の瓶もある。

短頸瓶 カラー図版53は浄衆院跡から出土した例で、器身の基本的な形は長頸瓶と同じではあるが、頸部がかなり短くなっている。肩と腹部の間に突線をめぐらせ、腹部に細い線彫りで雲文を表わしている。

壺 北宋早期の定窯の壺形品はバラエティーに富み、器身の深さや口部の大小などさまざまの形のものが製作されている。特に目を引くのが蓮弁文を彫り出した蓋付きの壺で、遺例も多い。カラー図版31は浄衆院跡から出土した例で、肩と腹部に浅い浮彫りで立体感にとむ蓮弁文様を表わしている。蓋の鈕の形は主に宝珠形のもの(カラー図版29)と、果実の軸を象ったものとの2種に大別される。この種の蓮弁文有蓋壺は北宋早期に流行し、

1 北京の遼・統和13年 (995) 韓佚夫婦墓[76]
2 北京順義の遼・開泰2年 (1013) 浄光舎利塔地下埋納施設[77] (カラー図版30)
3 遼寧省朝陽姑営子の遼代、耿氏墓[78]

蓮弁文瓶

劃花雲文瓶

「官」銘蓮弁文壺

「官」銘蓮弁文壺

蓮弁文壺

4 遼寧省北票水泉一号遼墓[79]

などからも発見されている。

盒 北宋の定窯では多くの形の盒が製作された。晩唐、五代以来の円盒のほかはほとんどが宋代に新しく生まれた形式といってもよい。上記の定州の両寺院跡からも各種各様の盒40余件が出土しているが、なかでも注目を集めたのは植物を象った類の盒であった。石榴形（カラー図版52）、桃形、長短の竹節形（カラー図版48・51）など斬新な意匠の盒は、用途にふさわしい魅力的な外観と実用性を備えていた。鑑賞と実用を一体化する趣向を凝らした造形には優れた表現力が示され、定瓷の中でも特色のある器種となっている。

石榴形盒子 　　弦文筒形盒子 　　弦文筒形盒子

炉 暖をとる火鉢、炊事用の焜炉、香を焚く香炉類の総称。定窯では各種の瓷炉が製作されているが、巧みな造形感覚を見せる双耳炉の類に最も特色をうかがうことができる。定州の静志寺跡から出土した定瓷の中には印象的な小型の双耳炉が10件余りも含まれていた。いずれも口部を真っすぐに立ち上げ、頸部は短く、大きく丸みをもつ肩部から腹部を過ぎると裾に向かって一気に絞る形で、ループ状の耳を向かい合わせに付けている。加飾方法には頸部から肩にかけて、型抜きの文様を貼りめぐらすものや、腹部に刻花文を施す例などがある。型抜き文様には2種のモチーフが見られ、上腹部に10個の貼付文をもつ例では獣面（カラー図版34）、肩部に16個の例では仏像（カラー図版32）が表わされている。刻花文の双

耳炉は腹部下半に幅の広い蓮弁文をくっきりと彫り出している。これら数件の小炉は薄作りで精細な胎土は堅く焼きしまり、釉もよく熔けて潤いのある光沢を見せている。北宋早期の定瓷の中でも印象に残る精品といってよい。

香炉 カラー図版47は静志寺跡から出土した白瓷の香炉で、筒形平底の炉身を鐶を咬（か）む5本の獣足で支え、足先には環形の底板をあてがっている。火屋は段のある深鉢を覆せた形で縁を伸ばし、上部3ヶ所に円形の薫煙孔をあけ、反花（そりばな）を重ねた上に瓶形の頂飾を立てている。趣向を凝らした造形には唐、宋の金銀器の影響が明らかではあるが、全体の構成などを見ると晩唐越州窯の青瓷香炉などにより直接的な作例を求めることができる。晩唐、五代は越州窯がピークを迎えた時期で上質の製品は '秘色瓷（ひそくじ）'と称えられたが、そうしたなかには金銀器に倣った美しい姿の作品が少なからず含まれていた。浙江臨安の水邱氏墓から出土した青瓷褐彩香炉がその好例で、その造形は唐代の金銀器に流行した五足香炉と同工のものであった。

静志寺跡からは銀製鍍金の香炉も1件出土している。筒形の炉身を三獣足で支える鼎炉で、兜形の火屋をのせ、宝珠形の鈕に如意頭形の薫煙孔をあけている。器腹と獣足の基部に獅噛（しがみ）の鐶座を飾り、火屋の上部に雲鳳文を鏨（たがね）刻りで表わし、下半部に「太平興国二年（977）」の祈願銘文をめぐらしている。静志寺に施入する目的で製作されたものに間違いない。この銀製香炉と先の白瓷香炉は同じ地下施設の埋納品ではあるが、白瓷香炉の形がこの銀製香炉よりはるかに越州窯青瓷のそれに近いことは誰の目にも明らかだろう。越州窯青瓷が定窯に与えた影響の大きさをこうした例からもうかがうことができる。

法螺貝（ほらがい） 静志寺跡から出土した定瓷の中には手捏（てづく）ねによる製品があり、巧みな構想力と技量で異彩を放ってい

貼花獣面文双耳炉

貼花仏像文双耳炉

五足香炉

越州窯青瓷褐彩香炉

銀製鍍金香炉

第4章◆各時代の作風と表現上の特色　57

る。白瓷の巻貝（カラー図版76）もその一例で、法螺貝の姿を忠実に写し取ろうとする丁寧な製作はひときわ注目される。貝の内側は中空で螺旋状となり、器の中ほどには不整形なラッパ状の大きな殻口を開く。両端に孔をあけ、先を尖らした上端部に3本の突線を巻きつけている。器表に浅い線彫りで青海波(せいがいは)を表わし、わずかに青味を帯びた白瓷釉を掛けている。

劃花海浪文法螺貝

　法螺貝は仏教では'八宝'のひとつとされ、また仏事には天然の大きな法螺貝が吹奏用の楽器として使用された。また仏教では講経説法を'吹螺'といい、その意味するところは法音に警世の響(ひびき)があるということで、そこから'法螺'とも呼ばれるようになった。確かな観察眼に裏打ちされたリアルな造形で、吹き鳴らせば大きく張りのある音が朗々と響きわたる。定窯の陶工たちの高い技術が遺憾なく発揮された作品といえる。

　肩輿(けんよ)　屋形の中に人をのせ2本の長柄を4人の輿夫が担ぐ乗物を象ったもので、肩に担ぐ形からこの名があるが、形式や時代によってさまざまな種類があり、轎あるいは輿と総称される（カラー図版75）。屋形は方形で前面の入口に簾(すだれ)をかけ、上額を化粧綱で飾っている。フェルトを思わせる厚手の屋蓋は、捻り綱の棟の六角尖頂形に作られ、各面には型抜きの花文をあしらっている。長柄の両側に配された4人の輿夫は短い上着に長い褲(ズボン)の出立ちで、腰に汗拭(あせぬぐい)をさげ、片手を腰にあて、もう片方の手で長柄を支えている。簡潔で要点をとらえた生き生きとした表現はなんともいえない親しみを感じさせる。屋形や輿夫には白瓷の釉、屋蓋には黒褐色の釉が掛け分けられ、所々に黒褐色の点彩を注している。手捏ねの細工をはじめ、貼花、透し彫り、印花、点彩とあらゆる技法が駆使された、宋代の定窯の中でも類例の少ない精品といえる。

褐彩肩輿

　亀　カラー図版77は静志寺跡から出土した白瓷の亀

で、機知に富む愛らしい姿は見る者を楽しませる。円形の甲羅に添って4足を付け、小さな頭をもたげ、短い尻尾をさり気なく揺（ゆ）らしている。背甲には亀甲文、腹甲には四弁花と水波の文様がいずれも線彫りで表わされている。施釉は上面のみで、下面は無釉となっている。器体は薄く軽く、繊細で丁寧な製作をうかがわせる。

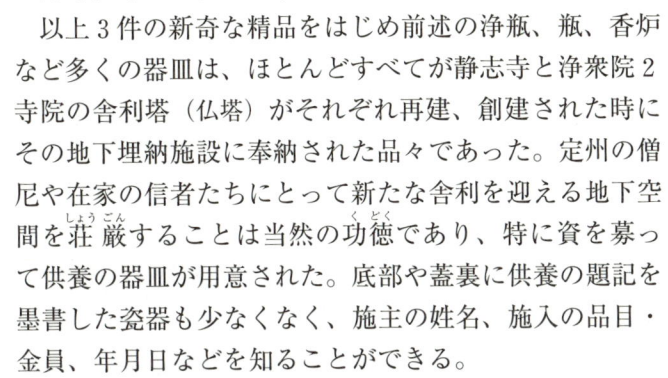

劃花亀

　以上3件の新奇な精品をはじめ前述の浄瓶、瓶、香炉など多くの器皿は、ほとんどすべてが静志寺と浄衆院2寺院の舎利塔（仏塔）がそれぞれ再建、創建された時にその地下埋納施設に奉納された品々であった。定州の僧尼や在家の信者たちにとって新たな舎利を迎える地下空間を荘厳（しょうごん）することは当然の功徳（くどく）であり、特に資を募って供養の器皿が用意された。底部や蓋裏に供養の題記を墨書した瓷器も少なくなく、施主の姓名、施入の品目・金員、年月日などを知ることができる。

　例えば静志寺の白瓷盤には墨書で、「僧崇裕施▨子壹隻、雄黄四斛、并施随年銭二十一足陌」とあり、白瓷盒の蓋裏にも墨書で、「太平興国二年五月二十二日葬記……任氏施香一両、僧大吉施一両供養舎利」などと記されている。こうした紀年銘から焼造年代のおおよその時期が確定されるわけで、その意味での資料価値は極めて高い。

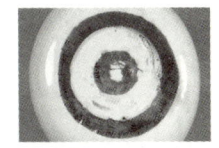

白瓷盤底部

白瓷盤蓋裏墨書

盤・碗　静志寺、浄衆院跡出土の陶瓷に盤や碗の器形は少なく、それらは基本的に輪花形のものと蓮弁文のものとに大別される。静志寺跡からは十弁形の白瓷輪花盤が出土しているが、その形は生乾きの時に細長い棒状の工具を押し当てて作られたもので、大きな弧線の連続からなる口部の輪郭は華やかな印象を生んでいる。そのほかにも「官」字銘のある白瓷の輪花盤があり、同様の手法で輪花形が作られているが、この例では口部近辺を軽く窪ませるのみで、口縁の起伏もわずかなものとなっている。

カラー図版68は静志寺跡から出土した白瓷双蝶文輪花盤。六花形の浅い平底の盤で、見込みにはやや稚拙な線彫りで双蝶が表わされている。底部中央に「官」字を刻み、「大平興国二年五月廿二日施主男弟子呉成訓銭参拾足陌　供養舎利」の28字を墨書している。晩唐、五代期の定窯では盤や碗の輪稜花の意匠では型が使用される例が多く、棒状工具で器壁を窪ませるという手法はむしろ越州窯に多い。この白瓷の盤にも輪花の手法や線彫りの双蝶文様など明らかに越州窯の影響が認められる。

　静志寺跡からは２件の蓮弁文の碗（カラー図版56・57）が出土しているが、いずれの碗も外面に幅の広い蓮弁文を肉厚に彫り出している。碗の器壁は瓶や壺に比べれば薄くなっているが、浮彫り風の巧みな表現で蓮弁の輪郭が鮮やかに描き出されている。こうした蓮弁文の作風や技法は蘇州の虎丘雲岩寺塔から発見された越州窯青瓷の蓮弁文碗托とほとんど同じものといえる[80]。

双蝶文輪花盤（表・裏）

「孟」銘蓮弁文碗

「官」銘蓮弁文碗

越州窯青瓷蓮弁文碗托

　金銀器の造形や文様の模倣は、唐宋代の中心的な窯場には共通して見られる特徴ではあったが、それにも増して広く行われたのは各窯場が互いに学び、模倣し合うということであった。宋代の陶瓷史は６つの大きなグループ、いわゆる'六大窯系'[81]からなると言われているが、そうした窯系も実際のところ多くの窯場が、ある名窯の製品を模倣することから形成されている。晩唐、五代期の定瓷で金銀器の作風を見せる例は、確かに当時の金銀器を直接模倣したものであったが、北宋早期にはむしろ金銀器に倣った越州窯青瓷の影響がより大きくなっている。同じ陶芸分野はもちろん、他の工芸分野の長所をも巧みに摂取、模倣してゆく柔軟性は、古くから中国陶瓷が育んできた優れた特質であり、それは絶え間ない革新と発展の原動力でもあった。

　水注　五代後期になると水注の形にも変化が現れる。唐代以来の厚手で素朴な印象のあった伝統的なスタイル

を脱して、注口を長く伸ばし、形姿は洗練の度を増してゆく。北宋代になるとさまざまな形の水注が現れ、承盤とのセットも多く見られるようになる。主なものに瓢形や瓜形の水注があり、また動植物を象った複雑な形の水注も作られる。注口や把手もより装飾性を増し、注口の断面が円形や多角形の短めの注口もあれば、湾曲した細く長い注口や龍首形の注口などさまざまな形状が見られるようになる。

浄衆院跡からも小型の水注が出土している（カラー図版42）。ほぼ真っすぐに立ち上がった短い頸部で、なだらかに下がる肩から深鉢形の腹部へと段をつけて続き、底部にはやや幅のある輪高台が作られている。肩部から短い注口を突き出し、向きあう位置に湾曲する扁平な把手を付け、盤状の蓋の頂部を瓜の軸のような鈕で飾る。短い注口などに唐代の特徴をとどめるこの種の水注は主に五代から北宋早期に流行し、河北省正定の五代墓や湖南省長沙近郊の五代墓などから類例が発見されている。

瓢形水注も北宋の早・中期に好まれた意匠で、定窯はもとより陝西省の耀州窯や景徳鎮の青白瓷の中にも遺例を見ることができる。台北故宮博物院にも定窯の瓢形水注が所蔵されている（カラー図版45）。瓢形の量感に富む腹部から曲線を描きながら長い注口を伸ばし、対向の位置には扁平な把手を大きくたわめて取り付け、底部には輪高台を削り出している。変化に富む形を自然に調和させる巧みな造形感覚は、優美ともいえるこの水注のフォルムに結実している。同種の水注は吉林省哲里木盟庫倫旗の遼・大康6年（1080）墓[82]や遼寧省新民巴図営子の遼墓[83]からも出土している。

蓮弁文で飾られた定窯の瓢形水注がイギリスの大英博物館に所蔵される（カラー図版27）。器身上下の膨らみにそれぞれ層を重ねた仰覆の蓮弁文をくっきりと彫り出しているが、こうした浅い浮彫り風の表現は静志寺や浄衆

水注

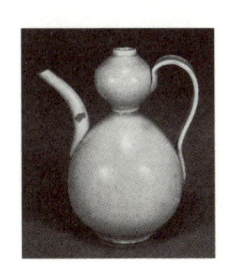

瓢形水注

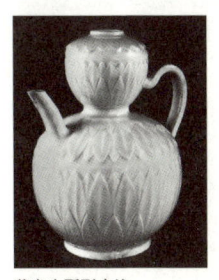

蓮弁文瓢形水注

院から出土した浄瓶や、有蓋壺の蓮弁文に全く同じ手法を見ることができる。

　瓢形水注のこのほかの例としては、パリのギメ美術館に刻花牡丹文の例があり、また定州市からは温碗〔承盤〕とセットになった刻花文の瓢形水注が出土している。宋代の水注には承盤が添えられることが多い。承盤は水注よりひとまわり大きく深めに作られ、これに湯を貯めて水注の酒を温めることから温碗とも呼ばれる。下右図が定州市から出土した白瓷刻花文水注と承盤のセットで、すでに口部を含む上部の膨らみの大半は失われていたが、その他の部分はほぼ完全な状態であった。水注は大柄の牡丹花で器身を飾り、注口は龍首形、環状の把手は3本の粘土紐を束ねたものだが、それぞれ少し間隔をあけ、その間に小さな粘土片を挟むことで、扁平な把手に透し彫り風の軽快な印象が生まれている。承盤は口部を六弁花形に仕立て、瓜割りにした器腹全面に牡丹唐草文を彫り出している。趣向を凝らした意匠、文様で、今まで見た同種の水注の中でも最も華麗な作品といえる。豊かな表現力と高い完成度は、金銀器に勝るとも劣らない魅力をこの水注に与えている。

　北宋の定窯の水注では注口を龍首形に作る例が多く、強い表現力と装飾性を兼ね備えたこうした意匠は、主に北宋の早・中期に流行した。定州市博物館に所蔵される白瓷刻花牡丹文水注（カラー図版43）は、太い頸部を口

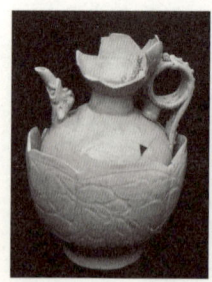

牡丹文瓢形水注（ギメ美術館）　　　牡丹文瓢形水注・承盤、同部分　　　　　牡丹文龍首水注

部に向かってわずかに広げ、球状の腹部の底に輪高台を削り出している。肩部から龍首形の注口を伸ばし、反対の位置の頸から腹部に湾曲した扁平な把手を渡し、把手には横輪をかけて束ねる'結帯'の飾りを付ける。両側の首の付け根に縒り紐状の耳を付け、その外側肩部に「山」字形の耳隠しを立てている。龍首形の注口をもつ水注の例としてはこのほかにも台北故宮博物院の瓜形水注（カラー図版44）やギメ美術館の蓮弁文水注などがある。

瓜形龍首水注

以上のような各種の水注のほかに、この時期の定窯では、人物や動植物を象った精巧な水注が少数ながら製作されている。北京順義県、遼・開泰2年（1013）建立の浄光舎利塔の地下埋納施設から発見された白瓷の人物形水注（カラー図版74）はその代表例で、器身は一人の男子の姿に表わされている。

蓮弁文龍首水注（ギメ美術館）

若々しい面立ちの人物は、結い上げた頭に蓮の冠をのせ、袖口の広い上衣を裾長くゆったりとまとい、静かに眼を閉じ、襟を正して端座する姿で、両手で胸の前に棒げ持つ長方形のものが経巻にも見えることから'童子誦経壺'とも呼ばれている。極めて巧妙に設計された水注で、頭頂部にあけられた孔から水を入れ、胸の前の経巻が注口で、背面には扁平な把手も付けられている。水注としての機能性と人物像としての完結性を兼ね備えた作品で、構想の新しさ、合理的な構造などからは美術作品と呼ぶにふさわしい傑出した個性すら感じられる。

人物形水注

カラー図版73は河北省張家口崇礼県から出土した愛らしい姿の水注で、いかにも腕白そうな童子が鵝鳥に跨る様子を象っている。左手を腰にあて、右手で鵝鳥の首を把んで、丸々と太った童子は得意満面のポーズ。童子の後頭部左側に水を入れる孔があり、鵝鳥の嘴は注口、童子の左腕の湾曲は指を添えられるようにもなっている。人物と水禽を少しの破綻も見せずに、ひとつの水注

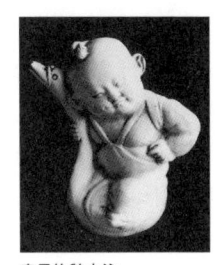

童子抱鵝水注

第4章◆各時代の作風と表現上の特色　　63

の形にまとめあげる自由な発想、造形感覚の見事さには舌を巻かざるをえない。

　この2件の複雑な形の水注は型抜きの方法で製作されている。技術的にも決してたやすい方法ではないが、人物の姿は真に迫り、表情には生気すら感じられる。技量の高さはもちろんのこと、人体の把握や感情表現にも非凡な能力がよく示されている。

　枕　陶瓷製の枕は唐、宋の時代、南北各地の大きな窯場で広く生産されている。寝具として日常生活に使用されるもののほかに、副葬用の明器として製作される例や、一般に脈を診る時の脈枕（みゃくちん）とされる小型の例もある。

　睡眠という行為に結びつくこともあってか、「陶枕には特別な関心が向けられ、辟邪、辟魅、宜男〔男子を多く産む〕などの効能まで期待された。すでに唐代に、豹頭枕に辟邪、白澤〔神獣の名〕枕に辟魅、伏熊枕に宜男とそれぞれの目的に則した珍奇な枕が用いられたことが、世の乱れの前兆現象として記録されている」[84]。

　定窯でも晩唐、五代には白瓷の枕が製作されている。曲陽霊山南荘で出土した白瓷如意頭形枕や曲陽澗磁村出土の白瓷長方形枕などはその例だが、高さ4～6センチと小さなもので、明器あるいは脈枕としての用途が考えられる。このほか澗磁村の定窯遺跡や付近の墓からも枕面に蝶文や鹿文を彫り付けた枕が出土しているが、いずれも長方形を基本とした形であった。

　宋代に入ってからの定窯は、その成形技法に一段と磨きをかけ、難度の高い作品に次々と取り組んでいった。とりわけ生物を象った枕には、彫塑性に富む優れた造形表現が遺憾なく発揮された。その特色は北宋の定窯では、童子形、婦女形、獅子形など人物や動物を象った枕に最もよくうかがうことができる。

　こうした瓷枕はかなり長い期間製作されてきたが、これまで紀年墓からの出土例がないため個々の作品の年代

如意頭形枕

長方形枕

については、胎土や釉、造形、加飾文様などの特徴を対比しながら先後関係を推定するよりほかはない。大まかにいえば、枕面と台の部分がそれぞれ独立した形のものが早く、両者が一体化しているものは相対的に遅いといえる。

　サンフランシスコ・アジア美術館ブランデージ・コレクションの白瓷童子形枕（カラー図版17）は代表的な作例のひとつ。方形の寝台の上に横になった童子は太く大きな蓮房を抱え、涼しげな表情を上に向けている。その姿を覆うように開いた蓮葉は、両端を反り上げ前後を自然に垂らして優美な曲線の枕面となっている。枕面には花弁唐草が細かく彫り出され、縁にはＶ字形の切り込みを入れている。蓮房や蓮葉は実際よりもはるかに大きく表わされているが、全体から感じられる印象は美しい調和と生動感で、優れた表現力を見せる傑出した作品となっている。

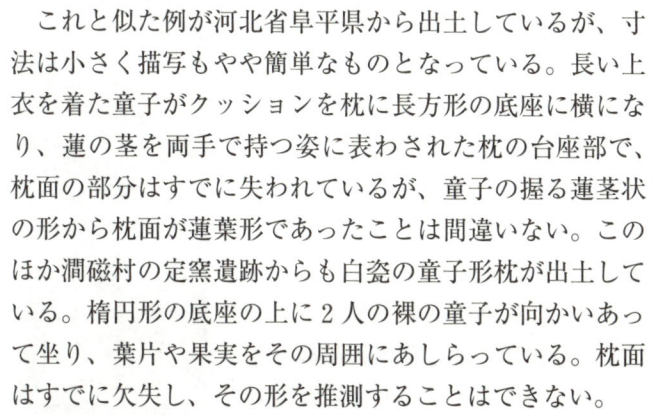

　これと似た例が河北省阜平県から出土しているが、寸法は小さく描写もやや簡単なものとなっている。長い上衣を着た童子がクッションを枕に長方形の底座に横になり、蓮の茎を両手で持つ姿に表わされた枕の台座部で、枕面の部分はすでに失われているが、童子の握る蓮茎状の形から枕面が蓮葉形であったことは間違いない。このほか澗磁村の定窯遺跡からも白瓷の童子形枕が出土している。楕円形の底座の上に２人の裸の童子が向かいあって坐り、葉片や果実をその周囲にあしらっている。枕面はすでに欠失し、その形を推測することはできない。

　曲陽県北鎮村からは婦女形の白瓷枕（カラー図版19）が出土しているが、その意匠は童子形の枕と同種のもので、寝台に横になる婦人は右膝を曲げ、その上に左足を重ねる寛いだ姿勢に表わされている。頭の下から身体全体を唐草で飾るさまは、草花のなかに憩う姿を思わせる。残念なことに枕面は欠失している。

童子形枕

童子形枕

双童子形枕

婦女形枕

第４章◆各時代の作風と表現上の特色

定窯で製作された獣形枕は獅子形の例が知られるのみで、これも人物形の枕と同じくふたつの形式に大別される。ひとつは獅子が伏せた形の枕で、獅子の背がそのまま枕面となり、もうひとつは方形底座上に立像に表わされた獅子が、如意頭形の枕面をその背中にのせる形である。
　定州市博物館所蔵の獅子形枕（カラー図版16）は後者の例。太く逞しい足を伸ばして立つ獅子の姿で、わずかに胴をよじり、頭を後ろに向け、大きく見開いた眼は炯々と光り、軽く開けられた口元から歯牙をのぞかせている。背中に長い敷物を掛け、胴や尻にまわした緒に銅鈴を飾り、細かい唐草文を彫った如意頭形の枕面をのせる。底座部分を欠失しているが、同館に所蔵される同類の獅子形枕の底座から、同じく長方形のものと推測される。技量の高さに裏打ちされた迫真の造形で、焼成も申し分なく、純白な胎土は堅く焼結し、白瓷の釉色もかすかに青味を帯びて輝いている。定窯の彫塑的な作品の精華がこの獅子形の枕に示されているといっても過言ではない。

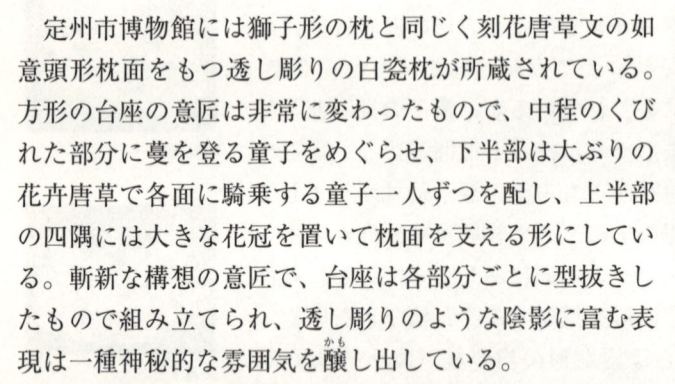

獅子形枕

　定州市博物館には獅子形の枕と同じく刻花唐草文の如意頭形枕面をもつ透し彫りの白瓷枕が所蔵されている。方形の台座の意匠は非常に変わったもので、中程のくびれた部分に蔓を登る童子をめぐらせ、下半部は大ぶりの花卉唐草で各面に騎乗する童子一人ずつを配し、上半部の四隅には大きな花冠を置いて枕面を支える形にしている。斬新な構想の意匠で、台座は各部分ごとに型抜きしたもので組み立てられ、透し彫りのような陰影に富む表現は一種神秘的な雰囲気を醸し出している。

透し彫り如意頭形枕

　上海博物館には台座を一間の堂宇の形にした白瓷枕が所蔵されている（カラー図版15）。枕面の形、文様、刻花の手法などは先の獅子形枕や透し彫り枕と同じで、唐草文が密に表わされている。台座の部分は基壇の四隅に柱を立て前後に観音開きの扉を設えた木造建築を写したも

堂宇形枕

ので、後ろの扉は半開きにされ、その前に長い上衣を着た男性が佇(たたず)んでいる。胎土は細かく純白、釉色にはかすかに青味が感じられる。木造建築を再現することは墓室の内部装飾にも見られ、それは唐代以降の大型陵墓の特色でもあった。

　この枕と同様の建築構造を内部装飾とする例が江蘇省南京市の南唐二陵で、五代・南唐の烈宗李昪と皇后宗氏の欽陵(りけい)、中主李璟と皇后鐘氏の順陵とからなり、唐代以来の伝統を受け継いで、墓室内は当時の木造建築に倣った形に造られている。また、枕の後門に立つ人物の形態や服飾などにも、南唐二陵出土の俑との共通点をうかがうことができる。こうした点からも、刻花唐草文の如意頭形枕面をもつ一群の枕は、製作年代をやや早く考えてよいように思われる。

3）北宋後期から金代

　北宋後期から金代にかけての時期は定窯の歴史の絶頂期であった。製品の主流となったのはさまざまな盤、碗、洗の類で、瓶、壷、水注といった立体的な造形はそれに比べればかなり少ない。この時期の定窯が得意としたのは精美な刻花や印花の文様表現であって、器形のバリエーションという点では前代のような多彩さは見られなくなっている。

　盤　口部や腹部の形で数種に分けられるが、この時期によく見られるものに輪花盤(りんか)、鐔縁盤(つばぶち)、側壁を口部まで曲線状に大きく開く侈口盤(しこう)、底部と腹部の間に段をつけた折腹盤(せっぷく)などがある。輪花盤は定窯の伝統的な器形のひとつで、その意匠は古く唐代の金銀器の模倣に始まっている。北宋後期から金代にかけての定窯の輪花盤は、伝統的な造形を覆焼き技法に適した形に改めたもので、最も特色のある形に細かい輪花で囲んだ菊花形の盤がある。大体がかなり浅い盤で、立ち上がり部分は細かい弧

線の連続からなり、満開の菊花のようにも見える。花弁の数はそれぞれ異なり、ほとんどの例は30〜50前後だが、多いものでは60余弁にも及び、いずれも型によって成形されている。口部の形には大きく開く侈口(しこう)の例と鐔縁の例とがあるが、一般に前者の方が大きめに作られている。一例を挙げれば、同じく内壁に菊花形の意匠をもつ盤でも、台北故宮博物院に所蔵される印花蓮池水禽盤は口径が29センチあり、鐔縁の例はやや小さく、河北省曲陽県文物保管所所蔵の印花牡丹唐草文盤は口径15センチ、台北故宮博物院所蔵の同類の盤数件も大体20センチ前後の大きさとなっている。鐔縁盤では口縁の端に縁取りのように小さく細い立ち上がりが作られている。この縁取りによって盤の輪郭はいっそう強調され、さらに覆焼きの際には、この突起によって窯道具との接触をより少なくして熔着を防ぐという重要な役割をもたされていた。また金属製の覆輪(ふくりん)を装着する際にもこの突起があることは都合がよかった。この種の盤では底部に低い輪高台を作る例も少数あるが、ほとんどの例は高台の外側は削り出さずに高台内をやや窪めるいわゆる碁笥底(ごけぞこ)に類した形になっている。

　輪花の形をより起伏に富む形にしたものに稜花形の盤があり、各弁の先を尖らせた優美かつ動感に富む意匠は晩唐、五代期の輪稜花の盤を受け継いだものともいえる。花弁の数には各種があり、ギメ美術館の印花獅子文盤は7弁、台北故宮博物院の刻花花卉文盤では10弁となっている。この種の盤も口縁の端に縁取りを作り、器身は浅く見込みを広い平底とし、底部は菊花形の盤と同じく浅く窪ませるのみとなっている。菊花や稜花の形をとらないシンプルな円形の鐔縁の盤も、この時期の定窯にはかなり多く見られ、基本的な形は菊花形輪花盤の鐔縁の例と同様で、器身は浅く広い鐔縁をもち、その端に細い立ち上がりを作り、底部は碁笥底となっている。

以上、各類型の盤からもわかるように、この時期の小さな盤（口径25センチ以下）では、浅い器身に大きく平らな内底を作り、底部は碁笥底という形が主流であった。底径と口径の比が1：1.4〜1.5ほどと盤底もかなり大きく、碁笥底あるいは平底に作られることもあって、いずれの盤の姿も極めて端正なものとなっている。

　口を大きく開いた侈口盤もこの時期にかなり多く見られる形で、簡潔で明快な器形は開放感に富み、広い内面は豊かな包容力すら感じさせる。側壁は曲線を描きながら口部へと大きく広がり、底部は輪高台か碁笥底になる。主な作例に河北省博物館の印花花卉文盤、北京故宮博物院の印花牡丹唐草文盤、台北故宮博物院の刻花龍文盤や印花龍文盤などがあり、高台と口径の比は大体1：2.5前後となっている。

　折腹盤は底部から角度をつけて器腹を広げる形で、屈曲をもつ直線的な輪郭は颯爽とした鋭気を見せる。器身の深さはさまざまで、比較的深い例はしばしば折腹碗とも呼ばれる。高台は定窯の盤の中では最も小さい部類に属し、高台と口部の比は1：3.3前後となっている。

刻花龍文盤（表・裏）

碗　主な形に直線状に広く倒立した笠形の碗や侈口碗、深腹碗がある。そのなかで最もよく見られるのが笠形の碗で、この形は宋代に流行し、江西省景徳鎮の青白瓷、陝西省銅川の青瓷、河南省臨汝の青瓷などさまざまな品種で大量に製作されている。定窯の笠形碗は薄く軽い器体で、洗練された美しい形をもち、大きさも一般に口径が18〜20センチ前後、高台径が3.5〜4.5センチとほぼ一定の規格に揃えられている。口縁の6ヶ所にV字形の刻みを入れて輪花形とする例もあり、また北京故宮博物院の印花石榴文碗などのように伝世品の中には覆輪を装着する例も少なくない。

　侈口碗の形は同時期の他の窯場のそれと大同小異で、大きく開いた弧状の器腹で底部は輪高台となっている。

第4章◆各時代の作風と表現上の特色　　69

口部と底部の比例も穏当で均整のとれた美しい姿を見せ、覆焼きの高台は仰向けに置かれた例に比べて低い。口部を六輪花とする例もあり、型が使用された輪花盤では、口部の刻み目に沿って内側面に細い突線を浮き出したものもある。

　深腹碗は一般に比較的大型で、口径は25～30センチ前後、底径が11～14センチで、比率は1：2.3前後となっている。口部を真っすぐ伸ばした深い器身で、底部に輪高台を作り、口部に薄く幅の広い縁取りをめぐらす例もある。大型で器身も深いために型による成形は難しく、施文技法も刻花があるのみで、印花の例をみない。

　北宋晩期から金代の時期、定窯の盤、碗類の器形は総じて秀麗かつ典雅ともいえる趣を深めてゆく。器体は薄く軽く作られ、各器形は規整がとれ、豊富な類型が出揃う。覆焼きの新しい窯詰め技法が導入されたことに対応して、口部や底部の作りに改変が加えられた。そうした作風がよく表わされた形が、稜花形盤、菊花形盤、鐔縁盤などであった。

　洗　盥形で、広い平底をもつ深目の盆形器を洗と呼ぶ。定窯でも深い器身を弧線状に開く洗があり、円形と瓜形の例があるが、底部はかなり大きく口径との比は1：1.8ほどで、輪高台か平底に作られる。こうした器身の深い洗も型による成形は難しく、遺例を見ても施文技法は刻花のみとなっている。

　瓶　宋代の瓶は形姿の美しさで際立っているが、その代表的な形として玉壺春瓶と梅瓶を挙げることができる。

　玉壺春形の瓶は宋代に新しく生まれたもので、その名称は宋代の詩句「玉壺先春」に由来するといわれている。宋、元の時期に広く流行し、定窯、汝窯、耀州窯、景徳鎮窯、磁州窯といった名だたる窯場では必ずといってよいほど製作されている。台北故宮博物院所蔵の白瓷花卉

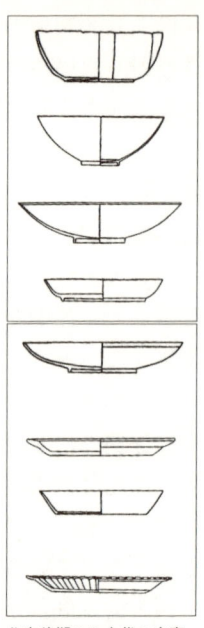

北宋後期から金代の定窯の洗、碗、盤

文瓶（カラー図版38）はその代表作のひとつ。滴形の下膨れの腹部を上方で絞って、細く長い頸部を挽き上げ、先をなだらかに反端り気味に広げ、口縁を平らに開く流れるような輪郭の瓶で、底部には輪高台が作られている。細くしなやかな頸部の作りをはじめ、温雅清秀なシルエットにこの時代の性格がよく表わされ、それは唐代の古樸渾厚な作風とは好対照となっている。

　梅瓶も宋代に新しく登場した形で、小さな口部は梅の枝を生けるのにふさわしいとの評からこの名がある。確かに遼墓の壁画には梅瓶に花を生けた光景が描かれた例があり、調度品として居室に飾られたことがわかる。一方、磁州窯の白地鉄絵の梅瓶には、「清沽美酒」「酔郷酒海」の文字を記す例があり、酒器として使用されたことも間違いない。北京故宮博物院には長胴の器面に大柄な牡丹文を彫り出した梅瓶が所蔵されている。短い頸部の小口を広く張り出した肩にのせ、豊かな丸味を見せる腹部は裾に向かってなだらかに絞られている。優美な姿は宋代瓷器の典雅な作風を余すことなく伝えている。

　北宋時期には汝窯〔汝官窯〕と官窯という宮廷の御用瓷器を専門に焼造する窯場があり、製作する瓷器の規格はすべて宮廷が定めた様式に則っていた。製品の中には古代の青銅器に倣った例が少なくないが、こうした復古的な傾向は明らかに統治者の好みを反映したものであった。定窯でも宮廷に向けて一時貢瓷の製作が行われ、伝世品の中にも倣古的な性格を示す作例が知られている。北京故宮博物院の三足炉（カラー図版40）はその好例で、漢代青銅器がその祖型となっている。器形、文様とも全く同じ例が汝官窯の伝世品にもあり、宮廷の調度として焼造される器皿に定められた様式があったことがわかる。

　枕　北宋後期から金代の時期も、定窯では人物や動物を象った枕が主流であったが、人物にしろ獅子形にしろ

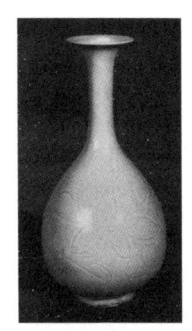

花卉文玉壷春瓶

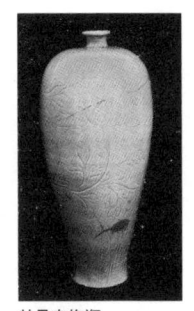

牡丹文梅瓶

三足炉

第4章◆各時代の作風と表現上の特色　　71

その形は早期の例とは明らかに異なったものとなっている。その代表ともいえる典型的な作品が童子形の枕で、極めてよく似た遺例が北京と台北の故宮博物院に3例が所蔵されている（カラー図版20～22）。

　枕の全形は丸々と太った童子が寝台に腹這いに寝そべる愛らしい姿で、軽くはね上げた足を絡（から）め、組んだ腕に頰をのせて顔を横に向ける無邪気な仕草はいかにも幼児らしくほほえましい。北京と台北故宮の例はいずれも形、寸法ともほとんど同じではあるが、釉色と部分的な文様にわずかな違いが認められる。

　曲陽県澗磁村の定窯遺跡からは婦女を象った枕が出土している（カラー図版18）。楕円形の寝台に体を伏せた女性は、高髻に結い上げた髪型や服装から高位の身分であるらしく、肘をついた左手に頭をのせて顔を横に向けている。宋代の彫塑的な枕の中でも最も大型の作品であり、珍品といえる。

　この時期の獅子形枕は定州市博物館（カラー図版93）や曲陽県文物保管所の蔵品に典型的な作風を見ることができる。長方形の台座に前足を伸ばして腹這いに伏せる獅子は頭を横に向け、尻尾を揺らすように巻いている。獅子の瞳は黒彩で表わされ、その長く曲線を描いた背中が頭をあてる部分となっている。曲陽県文物保管所には同種の枕で母子の獅子を表わした作例が所蔵されている。母獅子の形は上述の枕とほぼ同じで、その左側に愛らしい子供の姿が添えられている。このほか同種の獅子形枕で黒褐釉が施された例もある。

　北京と台北故宮博物院の童子形枕、定窯遺跡出土の婦女形枕、定州市博物館の獅子形枕といずれの形も器体と枕面が一体化した意匠となっている。この種の枕は釉色がやや黄味を帯びる例が多く、枕面が独立した早期の例に比べると、外観や作風はむろんのこと、胎土や釉にも明らかな相違を認めることができる。

童子形枕

童子形枕

童子形枕

婦女形枕

獅子形枕

金代の定窯の枕には磁州窯の技法に倣ったともいえる掻落し文様の例がある。定州市博物館所蔵の白掻落し蓮花文枕（カラー図版90）はその好例で、楕円形の枕面の前後に蓮花と蓮葉を配し、その間を華やかな唐草文で埋めている。

褐彩白掻落し蓮花文枕

　定州市博物館には褐彩に掻落しを加えた珍しい枕が収蔵されている（カラー図版91）。胎土は純白で、楕円形の広い枕面に鉄分の多い化粧土を薄く掛け、大きな菱形の枠内に牡丹一枝を描き出している。花や葉に手際よく入れた櫛目（くしめ）も効果的で、牡丹花に豊かな表情を与え、褐色の化粧土と純白の胎土との鮮明な対比とも相まって印象深い作品となっている。

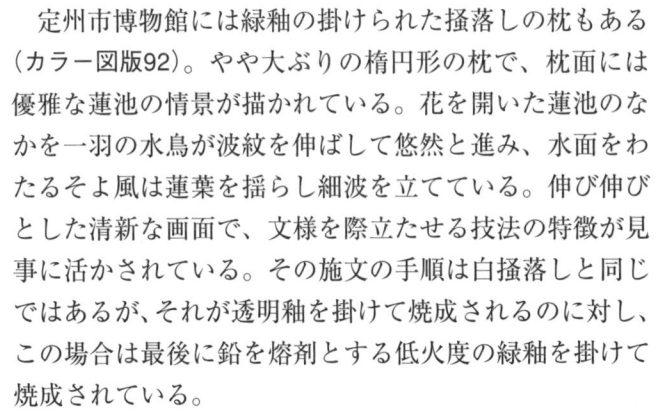

褐彩白掻落し牡丹文枕

　定州市博物館には緑釉の掛けられた掻落しの枕もある（カラー図版92）。やや大ぶりの楕円形の枕で、枕面には優雅な蓮池の情景が描かれている。花を開いた蓮池のなかを一羽の水鳥が波紋を伸ばして悠然と進み、水面をわたるそよ風は蓮葉を揺らし細波を立てている。伸び伸びとした清新な画面で、文様を際立たせる技法の特徴が見事に活かされている。その施文の手順は白掻落しと同じではあるが、それが透明釉を掛けて焼成されるのに対し、この場合は最後に鉛を熔剤とする低火度の緑釉を掛けて焼成されている。

緑釉掻落し鴨蓮文枕

　掻落しという施文技法からいえば、定窯と磁州窯の作品は同じではあるが、文様表現には精細かつ優雅という定窯ならではの性格がうかがえ、また器体も薄く軽く作られるなど、荒削りで豪放な磁州窯の作風とは好対照となっている。掻落しの技法は、北宋の磁州窯に始まり、北宋後期から金代に盛行した。定窯遺跡でも、掻落しの枕の瓷片は北宋晩期から金代にかけての堆積層で出土している。

施文技法

　施文技法の豊富なレパートリーも定窯の特徴で、よく知られた刻花や印花のほかに劃花、搔落、貼花、透し彫り、金彩などさまざまな加飾手法を見ることができる。

　刻花　陶瓷器の伝統的な施文技法のひとつ。生乾きの器面に鉄、木、竹などの施文具で文様を彫り表わす手法で、一般にはその後、釉を掛けて焼成される。劃花に比べて彫りが深く、微妙なニュアンスや立体感に富む表現に特色がある。

　宋代の五大名窯では汝窯、官窯、哥窯、鈞窯の四窯が釉色と形姿の美しさでその座を得たのに対し、定窯は刻花と印花の精妙な文様で美質を発揮した。もっとも、流麗で表情に富むその表現は一朝一夕で身につくはずはない。早・中期の刻花に越州窯や耀州窯の影響は色濃く、深い片切彫りの鋭い刻線で文様は浅い浮彫り風に表わされる。文様の題材は蓮弁や大柄な花卉唐草が多く、主に瓶や壺の肩や腹部に配される。北宋の中期に覆焼きの技法が開発されるが、より薄く軽くなることを求められた器体には、従来のような片切彫りの深い表現では適応できなくなっていた。この技術革新は施文工具から表現技法にまで及び、やがて刻花と劃花を結びつけた新たな技法が編み出される。北宋の後期には、この刻劃を併用した表現が登場する。深浅の変化の妙味を見せながら流れるように器面をめぐる表現は、独自の装飾空間を創出した。刻劃花という得意とする施文技法に定窯はますます磨きをかけてゆくことになる。

　定窯の刻花文様の最も際立った特色は、流麗で明快な表現、非凡な感覚と熟練の高い技量にあった。文様の題材に応じて表現方法を巧みに変化させながら、強弱緩急と自在に工具を操って表情豊かな刻線が描かれていった。刻花の作品では劃花や印花を併用することもしばしば行われている。

アメリカのネルソン美術館には出色の出来映えを見せる牡丹文の盤が収蔵されている（カラー図版60）。広い平底の円形画面いっぱいに大輪の牡丹一枝が表わされているが、その輪郭には陰影を強調するように片切彫りの手法がとられ、各花弁には櫛目を入れて生動感を演出し、鐔縁上の唐草文は尖った工具で細く線彫りされている。豊艶な牡丹の生き生きとした表情、巧みな構図が印象的な作品で、陶工の熟達した技量と確かな表現力が結びついた理想的な刻花文様の作例となっている。

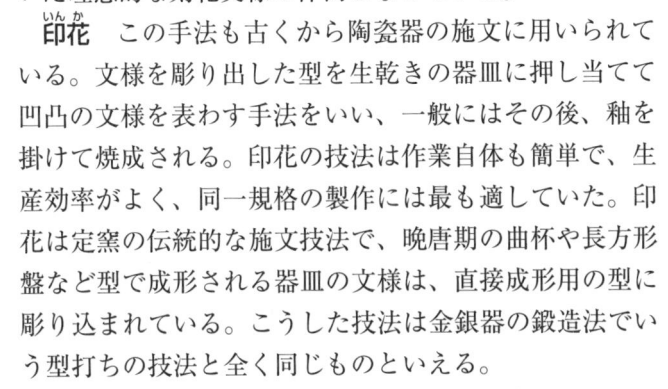

刻花牡丹文盤

　印花（いんか）　この手法も古くから陶瓷器の施文に用いられている。文様を彫り出した型を生乾きの器皿に押し当てて凹凸の文様を表わす手法をいい、一般にはその後、釉を掛けて焼成される。印花の技法は作業自体も簡単で、生産効率がよく、同一規格の製作には最も適していた。印花は定窯の伝統的な施文技法で、晩唐期の曲杯や長方形盤など型で成形される器皿の文様は、直接成形用の型に彫り込まれている。こうした技法は金銀器の鍛造法でいう型打ちの技法と全く同じものといえる。

　型に彫られた文様には2通りの表現があり、ひとつは針状の工具で浅く細い線彫りに表わすもので、写し取られた文様はわずかに浮き上がった陽文となる。曲陽澗磁村の晩唐墓から出土した白瓷印花魚文曲杯や四方入隅（いりずみ）の方盤などがこの例で、細く浅い線ではありながら刺繍のように盛り上がった文様の印象は鮮やかで、独特な装飾性を生んでいる。もうひとつは刀状の工具で文様を彫りさらうもので、器面に浮き上がった文様はより立体感に富むものとなる。台北故宮博物院の白瓷印花魚文曲杯やエジプト・フスタート出土の白瓷曲杯などがこの例に挙げられる。

　北宋時期の定窯では印花技法の特性を活かした大胆な技術革新が進行する。それは成形と施文という工程をほとんど同時に行うもので、熟練をさほど必要とせずに規

第4章◆各時代の作風と表現上の特色　　75

格化された器皿を作る手法と先進の覆焼きの技法とを結び付け、生産効率の大幅な向上を目指すという、大量生産に極めて適応した選択であった。こうした成形と施文を同時に行ういわゆる打込み成形の技法が、北宋のどの時期から始まるのかについては現在のところ明らかではないが、覆焼き技法を目安におおよその推測はできる。伝世品や窯跡の出土資料を見ると、印花文の例でも高台部分が無釉となるものが少数あり、これらが覆焼きによるものではないことからすると、北宋の印花技法そのものは遅くとも北宋中期には始まっていたと考えられる。

　北宋晩期から金代にかけて定窯の印花文様は空前の盛況を見せる。それを端的に表わすのが多種多様な題材で、蓮弁文、唐草文、牡丹唐草文といった伝統的な意匠化された文様のほかに、動植物や人物、自然の風景など現実の生活を反映した多くのモチーフが登場し、また龍、鳳凰、螭龍といった空想上の神獣の姿も現れる。精緻を極めた印花の技法は厳格な構成、豊かな内容の文様とも相まって、印花の器皿を定窯の作風を最も代表するものにさえしてゆく。1978年には曲陽県北鎮村から印花の模子〔型〕4件が完全な姿で発見され、そのうち3件は干支年号の刻銘をもっていた[85]。こうした貴重な資料によって金代の印花技法に対する理解もいっそう深まってゆくことは間違いない。

　劃花　陶瓷器の伝統的な施文技法のひとつ。生乾きの器面に先を尖らせた鉄、木、竹などの工具で文様を線彫りで表わす手法で、軽快でリズミカルな動線に特色がある。一般に細い線彫りに太さや深さの変化はなく、その作業自体はさほど複雑なものではない。定窯でもその早期には時代の好みを反映してか、器面を文様で飾ることにさほど関心が向けられることはなく、定窯遺跡出土の晩唐、五代の瓷片資料を見てもほとんどが無文白瓷で、劃花文様をもつ資料は少数であった。

印花の型

晩唐、五代の劃花文の表現は浅く細い線の陰刻という点でも印花の型とよく似たもので、比較的簡単な文様、稚拙さの残る表現など初歩的な段階にあることがうかがえる。

　北宋早期になると深い彫り文様が流行するが、依然として劃花技法も行われている。定州浄衆院の仏塔基壇から出土した白瓷雲文瓶（カラー図版53）はその一例で、腹部には浅く細い劃花で雲文を表わしている。

　北宋後期から金代の時期になると、定窯の刻花の作品にはほとんどの場合刻花と劃花が併用されるようになる。劃花は周辺の文様や主文の一部に補助的に使用されることが多く、例えば盤の鐔縁上の唐草文などは多くが尖った工具で劃花に表わされ、花弁内の密集する線や動感にとむ水波などの表現は櫛のような特殊な工具で劃花の櫛目文に表わされる。

劃花雲文瓶

　搔落し（かきおとし）　伝統的な陶瓷器の施文技法で、中国では剔花（てきか）と呼ばれている。技法上、釉を搔落すものと、化粧土を搔落すものとに大別される。前者は施釉後の器面に文様を刻劃し、余白の部分の釉を搔落して焼成するもので、釉色と胎土の対比で文様を際立たせる手法といえる。後者は化粧土を掛けた器面に文様を刻劃し、余白の化粧土を搔落し、透明釉を掛けて焼成するもので、この場合では化粧土と胎土の対比効果が文様表現に利用されている。

　搔落しの技法は北宋の磁州窯に始まる。磁県観台窯（じけんかんだい）の発掘報告、『観台磁州窯址』[86]の編年によれば、搔落し技法は第1期（北宋前期）には出現し、第2期（北宋後期〜金代）に盛行している。定窯の搔落し技法は明らかにこの磁州窯の新しい陶芸から学んだもので、その時代も北宋後期から金代の時期と考えることができる。

　磁州窯の搔落しの種類は極めて多く、白搔落し、白地黒搔落し、白地褐彩搔落し、緑釉白搔落し、緑釉白地黒

搔落しなどがあり、主に枕、瓶、壺などの器面を飾っている。定窯の搔落しの製品に磁州窯のような豊富さはなく、主要な種類は白搔落しで、その他に白瓷褐彩搔落しや緑釉搔落しの作例が少数見られる程度である。器形は枕が最も多く、瓶や壺の作品の例は少ない。

　定窯の搔落しの枕は胎土の質で2通りに分けられる。ひとつは灰色を帯びた粗い質のもので、白く滑らかな器面にするためには白化粧を必要とする。もうひとつは白瓷と同じ原料を使用したもので、純白の胎土は堅く焼結している。白搔落しや緑釉搔落しでは前者の例が多く、白瓷褐彩搔落しでは精細で純白の胎土となっている。両者の作風を比べてみても、後者の例により丁寧で精緻な表現を見ることができる。

　河北省正定県の文物保管所には珍しい白瓷褐彩搔落しの作品が収蔵されている（カラー図版88）。丸味のある豊かな形姿の広口壺で、比較的薄作りの器体は堅く焼きしめられている。肩と裾の捻花と蓮弁文で囲まれた広い空間を唐草風の蓮花文様で埋め、そのなかに嵌め込むように水鳥と鹿の姿を表わしている。葉先を巻き、蔓状に伸びる意匠化された植物文様と、蓮や慈姑の写生的な表現との均衡は不思議な躍動感を生み、極めて装飾性に富んだ画面となっている。多くの要素を破綻なくまとめあげる構成力は見事で、それを具体化させた技術も並ではない。この壺はかつて河北省の藁城県から出土したもので、胎土、搔落しの手法、文様の特徴などからみても定窯の製品であることは間違いない。このような丁寧な作風の大作は極めて珍しく、定窯の搔落し技法の到達点を示す作品といっても過言ではない。

　貼花　手捏ねや型抜きなどの方法で製作した各種の文様を器面に貼り付ける技法で、中国では'模印貼花'とも呼ばれる。文様には各種の動植物、人物、図案化された幾何文様などがあり、それらの文様片は泥漿で器

褐彩白搔落し鹿鳥文壺

表に接着される。強い立体感をもつこの技法は南北朝から隋唐の器皿にしばしば用いられた。定窯では貼花の例は多くはないが、北宋早期の特殊な器物に使用例を見ることができる。定州静志寺の仏塔跡から出土した小形の双耳炉（カラー図版34）がその一例で、頸から肩にかけて10個の獣面が貼花で表わされ、また伴出のもうひとつの双耳炉（カラー図版32）は型抜きの仏像を器面にめぐらしている。このほか先にあげた肩輿（カラー図版75）の模型の屋根の装飾や、白瓷の亀（カラー図版77）の頭や尾、足などにも貼花の手法が使われている。

貼花獣面文双耳炉

貼花仏像文双耳炉

透し彫り　器体が生乾きの時に所定の部位を工具でくりぬく技法で、単純なものから複雑な文様を表わすものまでさまざまな例がある。透し彫りの例も定窯には少なく、静志寺仏塔基壇から出土した香炉（カラー図版47）の火屋の部分や肩輿の屋形などに単純な形の使用例を見ることができる。

五足香炉

金彩　定窯の金彩については宋末元初の人、周密の『志雅堂雑鈔』に次のような短い論評が載っている。

　「金花の定椀は汁をもって金を調え、画を描く。然る後に再び窯に入れ、焼けば永く再び脱れることはない」。

伝世の金彩には、白瓷、柿釉、黒釉の３種があるが、遺例は極めて少なく、その多くは日本の博物館に所蔵されている。東京国立博物館の金花定瓷の収蔵は特に優れ、カラー図版78にあげた柿釉金彩の碗もその一例。見込みいっぱいに大柄な牡丹の折枝が金彩で表わされているが、牡丹の構図は同時期の白瓷刻花のそれと基本的に同じものといえる。この作品は現在のところ金彩がほぼ完全な形で残された唯一の例で、そのほかの例では金彩はほとんど剥落し、金彩文様の痕跡をとどめるのみとなっている。このほか、安徽省からも珍しい黒釉金彩の瓶が出土しているが、残念ながら金彩は擦れ消えてしまって

柿釉金彩牡丹文碗

第4章◆各時代の作風と表現上の特色　　79

いる。「永く再び脱れることはない」という評語も実例とはそぐわない。

文様の内容

　早期の定窯では器面を文様で飾ることに、さほど強い関心が向けられることはなく、ほとんどの製品が無文のまま焼造されている。少数の例外に叩き目のような縄蓆文や点線文をもつ黄釉水注（カラー図版1）があるが、これも定窯の独創というわけではなく、邯鄲、邢台、石家荘などから出土した唐代の黄釉瓷器にもこうした文様を見ることはできる。早期の段階では定窯自身の性格を代表するような典型的な文様は確立されていなかった。

　晩唐・五代期になると、金銀器の形を模倣すると同時に、簡単な文様をも瓷器の中に取り入れるようになり、魚、鳥、蝶、鹿や簡略化された唐草文、幾何図案などのモチーフが登場する。北宋の早・中期、越州窯や耀州窯の影響を受けて、定窯でも深く立体的な彫り文様で蓮弁や大柄な牡丹唐草を表わすことが流行する。施文表現に模倣と試行が繰り返された胎動の時期とはいえ、自身の特色を打ち立てるまでには至らなかった。

　北宋の後期、定窯の刻花と印花の技法は成熟段階にまで達する。不断の研鑽や模倣を糧としながらその基礎の上に独自な文様のスタイルが着実に形成されてゆき、文様の題材にもかつてないほどの豊富な内容が見られるようになる。伝統的な蓮弁文や蔓草、牡丹唐草文といった意匠化された文様のほかに、現実の生活に取材した動物や植物、人物や自然の風景が描かれるようになり、また龍、鳳凰、螭龍といった伝説上の神獣の姿も器皿の上に写されていった。各種の題材の中では植物文様が最も多く、蓮花、牡丹、石榴、菊花などのモチーフは特に好まれ、さまざまな構図で器面に表わされた。唐草や折り枝風の表現もあれば、水禽や遊魚を配した蓮池の情景を描

くものなど、多彩なバリエーションにもこの時期の旺盛な創作意欲を感じ取ることができる。

　刻花と印花の文様はその美質と品格に磨きをかけながら、北宋後期から金代の時期にはいよいよその頂点を極めることになる。それはその時期の加飾表現の到達点を示すと同時に、定窯の典型的なスタイルを確立するものでもあった。

　主な文様を題材ごとに見てゆくことにしよう。

　蓮花　蓮（荷）はハス科の多年生水草で、古くは芙蕖、芙蓉などとも呼ばれた。古代の字書の一種『爾雅』釈草には、

　　「荷、芙蕖。……其の華は菡萏、其の実は蓮、其の根は藕」とあり、後代の注釈には、「芙蕖は其の総名なり。別名は芙蓉。江東では荷と呼ぶ。菡萏は蓮華なり」

と記されている。美しい姿、香わしい気品、また塵芥を寄せつけない高潔な徳性など、この植物のもつ特質は長い間人々の心を魅了し続けることとなった。文学作品にもその名は早くから現れ、蓮（荷）を詠み込んだ次のような詩句が知られている。

　　「彼の澤の陂に、蒲と荷と有り」（『詩経』陳風「澤陂」）
　　「山に扶蘇有り、隰に荷華有り」（同、鄭風「山有扶蘇」）

　宋代の儒学者、周敦頤は「愛蓮説」の中で蓮の美質を感情をこめて謳いあげているが、それはまさに人々が蓮に対して抱き続けてきた崇敬や愛慕の念を集約したものであった。工芸文様としての蓮の意匠は周代の頃にまでさかのぼるものと考えられ、青銅製の壺形器の蓋の装飾などにその遺例を見ることができる[87]。

　後漢以降、蓮花は仏教美術に欠くことのできない表象文様として教説の普及とともに急速に広がり、東晋代には陶瓷器の器面にも表わされるようになった。その後、南北朝、隋唐の時代を経て北宋の早期に至るまで、蓮弁

文は陶瓷文様の最も主要なモチーフとしてさまざまな形で表現され続けてゆく。

　北宋早期の定窯では文様の題材もごく限られたものであったが、そうしたなかで最も普遍的に採用されたのが蓮弁文の類であった。定州の浄衆院跡から出土した白瓷の浄瓶（カラー図版23）はその代表的な作品といえる。60センチにも達する大型の器身は、頂部の注口から器腹の裾まで5組の蓮弁文で飾られている。頂部の単弁から鐔(つば)の部分の重弁、肩は3層、裾は4層と器形に合わせて巧みに構成された文様は、上部の施文は刻劃、下部は浮彫りと技法を異にして表現され、鋭い彫り文様は強い立体感を生んでいる。こうした浮彫り風の蓮弁文は定州の仏塔地下から出土した長頸瓶、有蓋壺、碗などにも見られ、また遼墓出土の白瓷類にもしばしばこの種の文様を見ることができる。

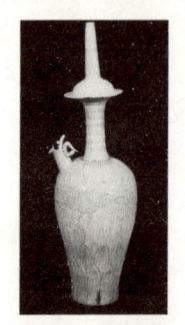

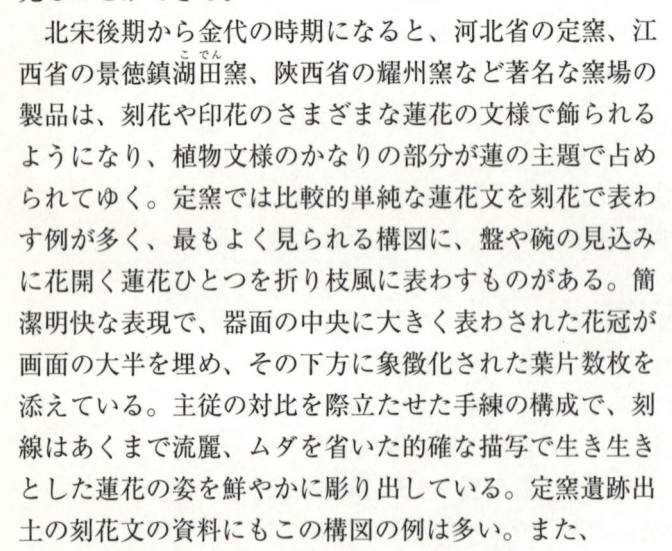

蓮弁唐草文龍首浄瓶

　北宋後期から金代の時期になると、河北省の定窯、江西省の景徳鎮湖田(こでん)窯、陝西省の耀州窯など著名な窯場の製品は、刻花や印花のさまざまな蓮花の文様で飾られるようになり、植物文様のかなりの部分が蓮の主題で占められてゆく。定窯では比較的単純な蓮花文を刻花で表わす例が多く、最もよく見られる構図に、盤や碗の見込みに花開く蓮花ひとつを折り枝風に表わすものがある。簡潔明快な表現で、器面の中央に大きく表わされた花冠が画面の大半を埋め、その下方に象徴化された葉片数枚を添えている。主従の対比を際立たせた手練の構成で、刻線はあくまで流麗、ムダを省いた的確な描写で生き生きとした蓮花の姿を鮮やかに彫り出している。定窯遺跡出土の刻花文の資料にもこの構図の例は多い。また、

　1　北京の遼・天慶3年（1113）丁文遒墓[88]
　2　北京通県の金・大定17年（1177）石宗璧墓[89]
　3　遼寧省朝陽の金・大定24年（1184）馬令夫婦墓[90]

などからも、同種の表現をもつ刻花蓮花文の白瓷が出土

折枝蓮花文

している。

　これとは別に、盤や洗の中央に大きな蓮葉に支えられるようにひと株の蓮花をまとめる構図があり、この種の蓮花文も定窯白瓷にしばしば登場する。単純な描写は清新な構図と相まって独特な雰囲気をにじませている。この種の作例は北京通県の金代石宗璧墓を始め、内蒙古、黒龍江、吉林などに広がる遼金代の遺跡からも発見されている。またこうした蓮花文は、磁州窯や耀州窯などでも流行した。

　蓮花ひとつを折り枝風に表わすこうした簡潔明快な表現のほかに、複雑な構図で画面を埋める精緻な蓮花文の作例も数多く残されている。台北故宮博物院に所蔵される白瓷刻花蓮唐草文盤（カラー図版59）はその一例で、中央にひとつの蓮花を置き、その左右に2朶の蓮花、上下に蓮葉2枚を配し、その間に葉先を巻いた水草や慈姑を表わしている。清新で自然な画面は少しの乱れもなく、生気に溢れた豊かな表情を見せている。北京故宮博物院にも同類の刻花文盤が収蔵され、やはり内壁に蓮花を対向に置き、上下に俯仰の蓮葉を配しているが、中央の蓮花を欠いている。

　牡丹　高貴で華やかな姿、馥郁とした香りをもつこの花は人々に広く愛され、その声価の高さは「国色天香」という美称によく表わされている。

　伝聞によると、唐の開元年間、長安城中牡丹の花が満開の時、唐の玄宗は花を楽しみながら詩の品評を行い、とりわけ李正封の牡丹を詠んだ詩句が気に入った。「国色は朝に酒をませ、天香は夜に衣を染める」という詩中の2句の句首を取った'国色天香'の語句はやがて牡丹の美称として人口に膾炙するようになったといわれる。

　また、周敦頤が「愛蓮説」の中で牡丹を「花の富貴なる者」と評したことから「富貴花」の別称でもよく知ら

刻花唐草文盤

れ、幸福円満、富貴繁栄の象徴として広く好まれるモチーフともなっている。牡丹文様は唐代の頃から各種の工芸品にしばしば見られ、とりわけ金銀器の牡丹唐草文は優美絢麗な印象でひときわ眼を奪うものであった。そうした影響を受けて宋代では牡丹のモチーフが装飾文様のなかに普遍的に使われるようになってゆく。

　定窯瓷器に牡丹文が見られるようになるのは北宋早期からで、浄衆院の仏塔跡から出土した蓮弁文の大浄瓶（カラー図版23）がその好例といえる。瓶身の上腹部を唐草風にめぐる牡丹文は、周囲を浅く彫りさらえて浮彫り風の立体感のある表現となっている。花卉の脈を短い撥ねるような刻線で表わす手法が、唐代の金銀器や玉器に通有の手法とよく似ていることも注目される。北宋早・中期の定窯では瓶や水注を大柄の牡丹唐草文で飾ることが流行するが、そうした文様にも浮彫り風の表現を見ることができる。大ぶりの花葉の輪郭をくっきりと深く彫り出し、葉脈や花蕊を細い櫛目で表わす手法は独特な装飾性を生んでいる。こうした表現手法は定窯のみならず、陝西省の耀州窯青瓷などにも共通して見られ、この時代の特徴ともいえるものとなった。

　北宋後期から金代の時期、定窯の印花瓷器では唐草風に意匠化された牡丹文が主流となってゆく。台北故宮博物院の印花牡丹唐草文盤などがそうした例で、内壁をめぐって牡丹唐草の文様が型で打ち出されている。構図は伝統的な対称性の布置で、上下左右4ヶ所に牡丹花を配し、その間を旋回する茎でつなぎ、繁茂する葉片で埋めている。盤の中心には団花や団螭の図案が置かれることが多い。こうした構成は定窯の印花花卉唐草文では常套的なパターンで、牡丹のほかにも菊花、石榴、宝相華など各種の花卉のモチーフがこの基本的な構成で表わされている。大型の印花盤の場合には重層化した構成が適用される。盤の中央に4花からなる牡丹唐草一組を置き、

印花牡丹唐草文盤

雷文を挟んでさらに外周に6花の牡丹唐草文帯2層を重ねてゆくという複合化された構成で、牡丹花の交錯する間を葉片がくまなく埋める華やいだ画面は、より強い装飾性を生んでいる。

　刻花文様では、折り枝風の牡丹を写生的に表わした作例に最も精彩ある表現を見ることができる。台北故宮博物院の白瓷刻花牡丹文盤もその一例で、内底の円形画面いっぱいに咲き誇る牡丹は、しなやかな茎、そよぐように茂る葉の上に豪奢ともいえる大きな花冠で表わされ、優美、品格そして豊饒さとこのモチーフに託された内容が、見事なまでに描き出されている。写生的な表現、丁寧で正確な描写が印象的で、そうした特徴は花弁の先を丹念に彫り出し、脈の筋を櫛目状に表わすなど細部の手法からもうかがうことができる。同種の表現をもつ例にネルソン美術館の白瓷刻花牡丹文盤（カラー図版60）がある。

　菊花・石榴　菊、梅、蘭、竹の4種の植物は伝統的に'四君子'と総称されるが、それは高潔な美しさを読書人の品性に喩えた一種の雅称であった。菊花は薬種としても知られ、これを常用すれば視力を保ち、長寿が得られると信じられたことから吉祥の花としても古くから愛されてきた。吉祥の果実の代表が桃、仏手柑、石榴の伝統的な三大吉祥果で、桃は長寿、仏手柑は多福、石榴は多子をそれぞれ表徴している。文化的な内容に富み、吉祥幸福を象徴するこれらのモチーフも宋代の装飾文様の中に頻繁に見られるようになってゆく。

　定窯の印花菊唐草文の例では、対称的な構図や旋転する花葉の表現など同類の牡丹唐草文と同じ構成がとられている。これは石榴であれ宝相華であれ、この時期の花卉唐草文の大半に共通して見られるもので、この4花からなる対称構図が定窯ではすでに基本的なパターンとして定式化していたことがわかる。

印花菊唐草文

北京故宮博物院には唐草風の石榴を刻花で表わした白瓷碗（カラー図版67）が所蔵されている。外壁をめぐる大柄の文様はシンプルな構図で表わされ、洗練された描写とも相まって典雅な器形をいっそう際立たせている。唐草風に描かれた石榴は、「果実が熟するまでは相当の年月を要するので、現実には花と果実を同時に見ることはありえないが、抒情性に富む華やかな装飾空間を創出するのにはふさわしい意匠構成であった」[91]。北京故宮博物院には印花石榴唐草文の白瓷碗もあるが、この例でも花と果実を交えた同じ構成がとられている。

　四季花卉　開花期を異にするものも含め数種の花卉を組合わせた文様を、一般に四季花卉文と呼んでいる。曲陽県北鎮村から出土した4個の模子〔型〕のうち「泰和丙寅（1206）」銘の1件にも四季花卉の文様を見ることができる。碗の内壁にあたる面を6区に分け、それぞれの区画に牡丹、蓮花、菊花、桃花などの文様を彫り出し、内底の部分には石榴を表わしている。大胆ともいえる構成は「対象の生物としての規則や自然界の物理的な構造を度外視して、作者自身の感情を美的に表現したもので」[92]、全くの創作によるものであった。器面に咲き乱れる花々の意匠は、それ自体見事な視覚効果を発揮したが、四季花にことよせて天候の順調や四季の平安を願う気持も込められるという、主観的な色彩の強い文様でもあった。

　魚　魚は伝統的な装飾モチーフで、6000年前、新石器時代・仰韶文化の彩陶にその図柄を見ることができる。宋代の瓷器にもこのモチーフはしばしば登場し、定窯、耀州窯、景徳鎮窯などの製品にはさまざまな表現で魚の姿が表わされた。

　定窯でも簡単な魚文の例は晩唐期にあり、曲陽県澗磁村から出土した白瓷曲杯の内底には、型で打ち出された魚のモチーフを見ることができる。北宋後期、刻花や印

刻花石榴文碗

印花石榴唐草文

「泰和丙寅」銘印花型

花の技法がいよいよ成熟段階を迎えるにつれて、定窯の製品にも各種多彩な魚文が大量に出現する。よく見られる構成に水波遊魚、水藻遊魚、蓮池遊魚などがあり、また水禽や蓮と組合わせた蓮池の情景に描かれた例もある。

　台北故宮博物院にはさまざまな魚文の作品があるが、なかでも2件の刻花文様の碗が印象深い。ひとつは深めの碗で、内面には鱮(ハクレン)であろうか、体高のある大きな魚が深く彫り出され、周囲に浅い彫りで水草を配し、その間の水波を躍るようなタッチの櫛目で埋めている。もうひとつは笠形の碗で、内面には並んで泳ぐ2匹の魚と、水辺に揺れ動く蘆を流れるような刻線で描き、魚を囲むように櫛目の波をひいている。速度のある鮮やかな彫りが印象的で、いっきに描かれた水波は飄然とした趣きを伝え、流れを進む魚の姿に躍動感を与えている。複雑な構成を見せる蓮池の情景の例を右に示した。

　内底によく太った2匹の鱮魚を置き、その周囲には向かい合う一対の水禽3組と3組の蓮を配し、余白を渦巻状の水波文で埋めている。疎密が混然となった表現で、動感に溢れた画面はきらめくような強い装飾性をみせている。繁縟ともなりがちな豊富な内容を巧みに調和させる構成力は見事なもので、華やかな文様からは心地よい旋律すら感じられる。

蓮池鱮魚水鳥文

　水禽　定窯では水と関連する文様が多く、各種の水禽や魚類の組合せなど多彩なパターンは数えきれないほどある。水禽文の中でよく見られる種類は鴨、鵝鳥、雁、鴛鴦、鷺鷥などで、時にはペアで時には数羽の群で表わされ、さらには数種の水禽を遊魚、蓮、水草と組合せてのどかな蓮池の光景を構成する例もある。こうした文様では一般に意匠性の強い対称的な構図が採用された。円形の画面にめぐるように数組の水禽や蓮、水草のモチーフを配し、余白を細かい水波文で埋める繁華な構成は強

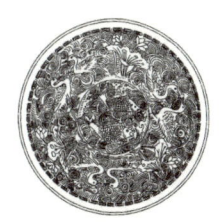

印花蓮池鴛鴦文

第4章◆各時代の作風と表現上の特色　　87

い装飾性を生んでいる。表現手法によってもその印象は異なる。ひとつの蓮花と数本の蘆の中に2羽の鴨を略筆風に描写する例には、簡潔な表現に深い趣きが感じられ、写生的な描写の例は、厳格な構図や丁寧な刻劃が一幅の細密花鳥画を思わせる。

　台北故宮博物院には蓮池を泳ぐ一対の野鴨を表わした刻花の盤が所蔵されている。画面の上部、大きな蓮葉の先には茎を伸ばして蓮花が開き、水辺の蘆が風にそよぐなかに、肩を並べて過ぎゆく野鴨の番(つがい)が素描風に表わされている。頭を上げた水鳥の様子や、揺れ動く水草の描写など、的確な観察眼と手慣れた技量に裏打ちされた画面は豊かな詩情を伝えている。

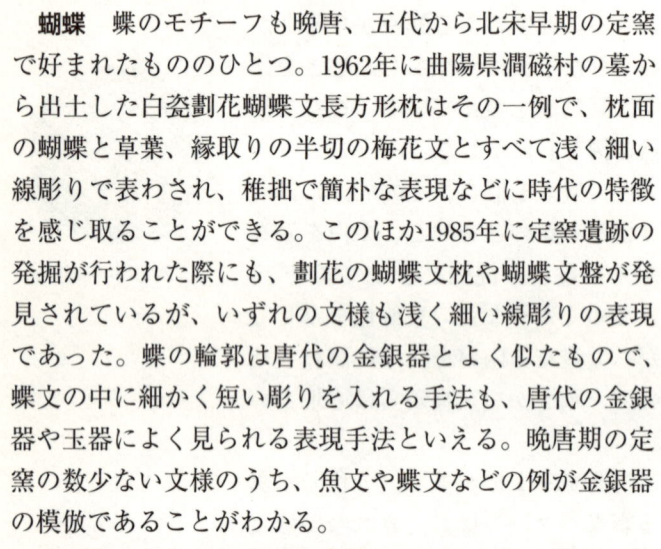

刻花鴨文盤

　蝴蝶　蝶のモチーフも晩唐、五代から北宋早期の定窯で好まれたもののひとつ。1962年に曲陽県澗磁村の墓から出土した白瓷劃花蝴蝶文長方形枕はその一例で、枕面の蝴蝶と草葉、縁取りの半切の梅花文とすべて浅く細い線彫りで表わされ、稚拙で簡朴な表現などに時代の特徴を感じ取ることができる。このほか1985年に定窯遺跡の発掘が行われた際にも、劃花の蝴蝶文枕や蝴蝶文盤が発見されているが、いずれの文様も浅く細い線彫りの表現であった。蝶の輪郭は唐代の金銀器とよく似たもので、蝶文の中に細かく短い彫りを入れる手法も、唐代の金銀器や玉器によく見られる表現手法といえる。晩唐期の定窯の数少ない文様のうち、魚文や蝶文などの例が金銀器の模倣であることがわかる。

　鹿　鹿は古くから長寿の仙獣として知られ、瑞祥の象徴と考えられた。神仙の術を好んだ東晋・葛洪(かっこう)の『抱朴子(ほうぼくし)』には、「鹿、千歳を寿として五百歳に満つれば則ち其の色白し」とあり、『芸文類聚(げいもんるいじゅう)』巻99には「瑞応図」を引いて「天鹿は純善の獣なり、道備われば則ち白鹿あらわれ、王者の明恵下に及べば則ちあらわる」と記されている。いわゆる天鹿なる霊獣は白鹿を指すことがわか

る。白鹿の出現は、天下太平、国泰民安の象徴と信じられ、吉事の予兆とされた。

　鹿文も定窯早期の数少ないモチーフのひとつで、定窯遺跡からも鹿文の資料が発掘されている。河北省文物工作隊が1960～62年に行った発掘の際に出土した1件の刻花文の瓷枕がそれで、枕面には稚拙な表現で2頭の鹿が表わされていた。北宋後期から金代の定窯の印花瓷器には、奔鹿や臥鹿また番(つがい)の鹿などさまざまな姿の鹿のモチーフを見ることができる。台北故宮博物院にある白瓷天鹿文盤には、百花の中に身を横たえた1頭の天鹿が振り返って遠くを見やる姿で表わされている。

　龍　古代伝説のなかでも最強最大の神威霊能を備えた龍は、神々しいばかりの瑞祥に包まれた神獣であった。漢代の字書『説文解字』には「龍」の字が次のように説明されている。「龍は鱗蟲の長なり。能く幽にして能く明、能く細にして能く巨、能く短にして能く長。春分にして天に登り、秋分にして淵に潜む。その字は肉に従い、旁(つくり)は肉飛の形なり」。

　龍の図柄の起源は氏族や部落のトーテムであったらしく、武勇や力を象徴したと考えられる。やがて世の中が封建時代へと進むにつれて、その図文は'帝徳'や'天威'の表象としての役割を深めるようになり、皇室の専有するものとなっていった。宋代、龍は天子の象徴であり、統治者は龍文の使用に厳格な規定を設け、宮廷以外には民間での使用をいっさい禁じた。

　定窯は本来民間の一窯場ではあったが、貢納品の焼造も行ったこともあって、製品の中には少なからぬ龍文の作例を見ることができる。北宋定窯の印花や刻花の龍文は盤の類に多く見られ、澗磁村の定窯遺跡からも、刻花文盤や「尚食局」の刻銘をもつ印花龍文盤の破片が発見されている。いずれも精美な白瓷で、丁寧な製作や刻銘の内容などから龍文の精品が宮廷向けのものであること

印花天鹿文盤

が改めて確認された。雄壮強健な描写のなかに非凡な気品を漂わせるのが定窯の龍文の特色であった。

右図にあげたのは刻花で表わされた龍文の例で、身をくねらせて天翔ける神龍は、昂然と頭をもたげて画面の中心から辺りを睥睨(へいげい)し、振り上げられた鉤爪(かぎつめ)や揺れ動く鬚鬣(しゅりょう)のさまは激しい動感を伝えている。印花の例では内面に3頭の龍を表わした大型の碗もある。見込み中央に団龍を置き、内壁に2頭の龍を互いに追走するかのようにめぐらせる構成で、瑞雲の中を行く潑剌(はつらつ)とした姿の走龍は心地よい躍動感を見せている。このほか印花の団龍文に牡丹や石榴など各種の花卉唐草文を組合せた構成の例もある。

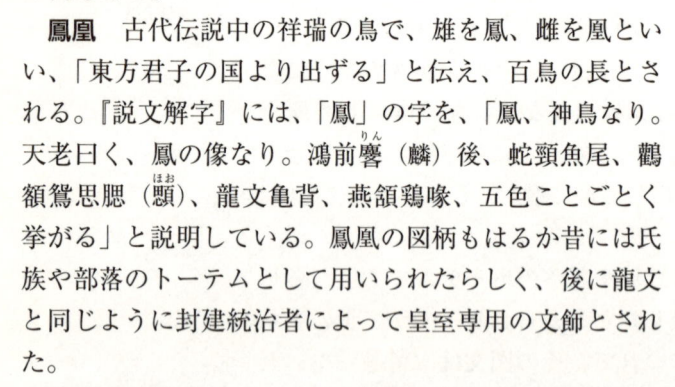

　鳳凰　古代伝説中の祥瑞の鳥で、雄を鳳、雌を凰といい、「東方君子の国より出ずる」と伝え、百鳥の長とされる。『説文解字』には、「鳳」の字を、「鳳、神鳥なり。天老曰く、鳳の像なり。鴻前麐(りん)後、蛇頸魚尾、鸛額鴛思腮(ほお)(顋)、龍文亀背、燕頷鶏喙、五色ことごとく挙がる」と説明している。鳳凰の図柄もはるか昔には氏族や部落のトーテムとして用いられたらしく、後に龍文と同じように封建統治者によって皇室専用の文飾とされた。

　定窯では鳳凰のモチーフは多彩な姿で表わされる。双鳳文、雲鳳文、牡丹鳳凰文、綵帯鳳凰文、また時には龍や螭と組合された構成もある。台北故宮博物院の白瓷刻花の盤は優美な表現が印象的な双鳳文の例で、旋回構図で対称的に表わされた双鳳は、舞い踊るように羽を広げ、顔をひねって互いを見交わしている。先を丸めて長く伸びる尾羽の弧線も双鳳の優雅な動きを際立たせる。鐔縁に唐草を飾る以外他の文様をいっさい排したすっきりとした構成で、広い画面に伸び伸びと描かれた双鳳文は、余白の瓷肌とも相まって瀟洒かつ秀麗な印象を生んでいる。右図は印花雲鳳文の例で、祥雲の中を飛翔する双鳳

刻花龍文

印花雲鳳文

が表わされ、雲と見紛うような奇花も添えられている。牡丹鳳凰文や綵帯鳳凰文などもこの構図を採る例が多い。

　螭　古代伝説中の動物で、角のない龍とされる。『説文解字』には「螭、龍の若くにして黄。北方にてはこれを地螻と謂う」とある。その身体はおおよそ龍に類し、とぐろを巻き、くねくねと這う姿から蟠螭とも呼ばれる。螭文は商（殷）周代の青銅器によく見られ、その後、玉器などにも広く流行した文様で、宋代の定窯で盛んに採用されるようになるのも、当時の復古的な風潮と関連があるように思われる。定窯の螭文の例は、刻花・印花ともにあり、その構成も繁簡さまざまで、側面から見た小さな細長い頭部もあれば、正面からの大きく幅広い顔の例もある。右上図は刻花螭文の例で、中央にひとつの螭文を側面観で表わし、周囲を浅い雷文の刻線で囲んでいる。右下図は印花の例で、やや正面を向いた頭部は牛のように表わされ、そのまわりを唐草風の石榴文で埋めて、外周には蔓唐草と雷文をめぐらせている。

　こうした構図は曲陽県北鎮村から出土した金・大定二十四年の模子〔型〕のそれと全く同じもので、その作例は台北故宮博物院の蔵品中にも見ることができる。円形に意匠化された'団螭'文も定窯では常用のモチーフで、蓮唐草文や牡丹唐草文で飾った碗類の中央に置かれたその文様は、構図を引きしめると同時に独特な装飾性を生んでいる。

　獅子　食肉性の獰猛な哺乳動物で、成長した牡は頸に長い鬣を生やし、強く太い四肢をもつ堂々とした姿は、圧倒的な力と威厳に満ち満ちている。獅子の原産地はアフリカと西アジアで、中国には前漢時代に西域から伝えられ、それ以来、権勢、富貴、辟邪、吉祥とさまざまな意味を象徴する霊獣と見られるようになり、そのモチーフは、中国文化の中に深く根をおろしてゆく。

刻花螭文

印花螭文

陶瓷器の文様や意匠としては六朝代の青瓷器に比較的早い例があり、西晋代に流行した青瓷の燭台の多くは獅子形に作られ、また山西省太原市玉門溝の唐墓からは人物獅子文を印花で表わした扁壺も出土している。こうした早期の文様では、何よりも牡獅子の威厳と勇猛さがテーマになっている。宋代の頃から瓷器に表わされる獅子の姿に大きな変化が生じる。獰猛さや権威の意味は後退し、それに代わって活発で愛らしい性格が前面に押し出され、例えば毬と戯れる姿など、完全に中国化された図柄として広く流行してゆく。

　曲陽県文物保管所所蔵の白瓷盤（カラー図版84）は印花の例で、身を躍らせて一心不乱に毬を追う獅子は、快活な様子で表わされている。円形の画面に合わせるように大きく身体を反らせる誇張された表現も、この種の旋回式の構図にはよく見られ、龍文や螭文など動物文の多くはこの手法で意匠化されている。大胆に湾曲された胴体、激しく振り上げられた四肢や中央に置かれた両眼など躍動感に溢れた獅子の図文となっている。また螭文や花卉文と組合せた構成などによって独特な装飾性が発揮された。

　龍、鳳凰、螭といった伝説上の動物や西域からもたらされた獅子だけではなく、亀、鶴、孔雀、雁などの例も定窯の動物文様として知られている。右図は鶴と亀を印花で表わした例。一羽の仙鶴が首をたわめて地面の亀を見つめ、もう一羽はその様子を振り返って眺めている。場面の背景には穴のあいた怪石を置き、その陰から数本の竹をのぞかせている。亀と鶴は古くから長寿を象徴する動物と考えられた。『淮南子』説林訓に「鶴、千歳を寿として、以って其の游を極む」といわれ、『抱朴子』には「亀鶴の齢遐かなるを知り、故に其の導引〔屈伸、呼吸法などの長生術〕を效い、以て年を増さんとす」と記されている。亀と鶴という長寿の動物同志を組合せた

印花獅子戯球文盤

印花獅子文

印花亀鶴文

意匠には健康と長生への願いが込められていた。

童子図 定窯の文様に人物のモチーフは比較的少なく、そのなかでは童子の遊ぶさまを描いた例がよく知られている。宋代は中国固有の絵画表現が確立された時代であり、童子の題材を得意とする画家も現れる。「宋、鄧椿の画史、『画継』によれば、北宋、開封の人、劉道宗（りゅうどうそう）が描いた'照盆孩児図'の扇面は民間で大いにもてはやされたと言われる。また宣和年間に画院の待詔（たいしょう）となった開封の人、蘇漢臣（そかんしん）は童子を描く画家として知られ、現在、台北故宮博物院に所蔵される'貨郎図（かろうず）'や'秋庭戯嬰図'は彼の代表作品として広く親しまれている」[93]。

蘇漢臣　秋庭戯嬰図

そうした時代の好みは工芸品の中にいち早く現れる。定窯では、葉を茂らせた枝や蔓の間を数名の童子が遊び回る図例が多く、また石榴や瓜といった子孫繁栄を意味する植物との組合せや鴨を追い、庭先で遊ぶ場面など生活感に富んだ情景も好んで用いられた。童子が繁茂する植物のなかに遊ぶ図文は、五代から北宋早期の定窯に比較的早い作例を見ることができる。定州市博物館にある透し彫りの白瓷の枕がそれで、型で抜かれたこの図文が台座の部分にめぐらされている。北宋後期から金代になると、こうした図案は主に盤や碗に印花で表わされるようになる。

吉祥を寓意的に表わしたさまざまな図案は、中国の伝統文化や民族的な特色を最もよく映し出す視覚表現といえる。人々が抱える祈念や願望の内容は、象徴的な手法や、同音あるいは声音の近似によって巧みにある対象に関連づけられ、特定の図案にその意味が込められていった。例えば石榴は古くから多子の象徴として知られるが、北朝の正史『北史』魏収伝には次のような逸話がのせられている。

「帝が李の邸の酒宴にお出ましになった時、妃の母宋氏が石榴二果を帝に薦（すす）めた。帝は周囲の者にその意味

を尋ねたが、誰も答えられなかったので投げ捨てようとしたところ、魏収が、石榴は果実の中に多くの種子があります。王が新婚であられることから、妃母は子孫が多くなりますようにと願ったのです、と説明すると帝は大いに喜んだ」。

　吉祥の植物では、長い蔓に果実を連ねる瓜の類も古くから知られ、大きいものは瓜、小型のものは瓞(てつ)と呼ばれた。『詩経』にも「綿綿たる瓜瓞(かてつ)」の比喩が用いられているように、この植物の姿は世代の永続や子孫の繁栄を連想させた。多子を象徴する石榴、子孫昌盛を象徴する瓜瓞と童子を組合せた図案となれば、さらに濃厚に多子多孫、家族繁栄の祝意が表わされることとなる。こうした趣向をこらした吉祥図案は、純粋な装飾文様に文化的な香りを加えるものとなった。

　博古図(はっこず)　北宋の大観年間（1107〜10）、書画や古器物を甚だ愛した時の皇帝、徽宗は王黼(おうふ)らに宣和殿に収蔵する歴代青銅器の図録を作成するように命じる。宣和5年（1123）を過ぎて完成するこの書物は『宣和博古図(せんなはっこず)』と名づけられた。古器物を指す'博古'の呼称はここから始まり、さらに敷衍(ふえん)されて各種の工芸品を組合せた図案も広くこの名称で呼ばれるようになる。

　博古の文様は定窯独特のもので、多くは印花の手法で表わされている。構成の中心となるのは古色を帯びた三足の銅鼎のモチーフで、双耳を立て、袋状の足をもった器腹には獣形の鐶座も見え、牡丹や蓮花などの花が生けられている。また四角いテーブルの上に鼎を置き、周囲を方鼎、霊芝(れいし)、怪石、花卉などで飾る込み入った図案もある。博古図といったテーマの出現は、当時の尚古的な風潮を反映したものでもあった。

博古図

◇

　定窯の文様表現は北宋後期の頃から高度に完成された姿を見せるようになる。内容の豊富さのみではなく、巧

みな構成力や刻花、劃花、印花などの技法に至るまですべての面に高い表現力が発揮される。こうした躍進は窯場自体の発展と進歩の成果ではあったが、それ以外に他の窯場はもちろんのこと、広く他の工芸分野を参照し、積極的に吸収していったこともこの成長を支えた大きな要因として忘れることはできない。

「中国陶瓷の文様は外来の文化の吸収に巧みでもあったが、何よりもその特質としていえるのは、他の工芸分野の特徴を巧みに学習、吸収していったことで、陶瓷作品と各種の工芸品とは、時代的、地方的な作風はおろか、題材、形式、表現技法などあらゆる点で複雑につながり合っている。古来、中国では工芸美術がとりわけ発展し、各時代それぞれに精美な工芸品が製作されているが、それは同時に労働人民の偉大な創造の証でもあった。陶瓷文様にはまさに絶好の環境が用意されていたわけで、広く他の分野を渉猟し、また相互に啓発し合いながら共に発展への道を歩むことになってゆく。ひとくちに工芸といってもさまざまなジャンルがあるが、青銅器、漆器、刺繍、染織、金銀器から建築彩画、玉彫、版画、年画などに至るまでひとつとして陶芸が参考の対象としなかったものはない。それらの特徴を虚心に吸収することによって陶瓷文様の表現内容は一段と豊かになった」[94]。

　唐代以降、金銀器は変わることなく各種の工芸品が競って模倣する対象であった。それは金銀という素材自体の魅力もあるが、さらに重要な点は、金銀器の文様の多くが内府の定めた式様によることで、精美な意匠や豊かな装飾性はひときわ目を引くものであった。北宋時期、後苑造作所〔官署名。製作所をもち、内廷や皇属の婚嫁に要する物品を掌る〕が製作する金銀製帯飾は「毬路、荔枝（れいし）、師蛮、海捷、宝蔵、天王、八仙、犀牛、宝瓶、双鹿、行虎、野馬、窪面、戯童、鳳子、宝相華などその文様は、すべて所轄の機関、尚方の認可を受けた式様であっ

た」⁽⁹⁵⁾といわれる。北宋後期から金代にかけて見られる定窯の文様は、天鹿や宝相華など多くが上述の様式に似通ったものであった。また晩唐、五代の頃から定窯では宮廷向けの貢納品の焼造が行われ、北宋後期には大量の龍鳳文の瓷器も製作されている。宮廷が指定したその他の図案の製作も当然行われていたに違いない。

　定窯の文様に大きな影響を与えたものとしては、世に名高い定州の'緙絲'の存在も見逃すことはできない。緙絲とは'刻絲（糸）''克絲'などとも書かれる絹糸を用いた一種の綴織りで、特に宋代のものは細密な表現に特色があった。「数多くの資料を観察して気付いたことは、定様の印花文は定州の緙絲に取材したものらしいということである。緙絲の文様を部分的に瓷器の上に移植したと思われる例が少なからず確認された。そうした経緯もあって定窯の印花文様は、その流行の当初からかなり完成された姿で現れ、高い表現力を発揮することになったものと思われる」⁽⁹⁶⁾。

宋緙絲花卉翎毛図

　河北の絹織物には長い歴史があり、秦、漢の時代から隋、唐に至るまで、その地は全国で最も重要な生産拠点のひとつであった。ある史料によれば、唐の天宝元年（742）には、「全国に318ある郡のうち、定期的に絹織物を貢納する郡では、各種の絹織物の総貢納額は3764匹に達した。河北道には絹織物を定期的に貢納する郡が15あって、その貢納額の合計は1831匹と全国の総貢納額のおよそ半分を占めている。なかでも博陵郡（定州）の定期貢納額は1575匹と突出している。その額は全国の総貢納額の41.8パーセントにも及ぶもので、改めてその数量の多さに驚かされる」⁽⁹⁷⁾。

　宋代、河北の絹織物は産量の多さのみでなく、品種や品質の面でも全国の筆頭に挙げられるようになってゆく。「真定で産する綿綾・鹿胎・透背、大名の縐縠などはいずれも名品であるが、定州の刻絲はさらに名高くま

さに天下の珍品であった」[98]。彫刻を思わせる鮮やかな表現から刻絲とも呼ばれた独特な絹綴れは、各色の緯糸で細密な図柄を織り出すために'通経断緯'という特殊な手法がとられ、精魂を傾けた緻密な作業で立体感に富む織り文様が生み出されていった。

　遼寧省博物館所蔵の'紫鸞鵲譜'や故宮博物院所蔵の'紫天鹿'などはこの時期を代表する作品である。遼寧省博物館にはこのほかに徽宗御製の書画をそっくりそのまま写した緙絲'木槿花図'が所蔵されている。「牙色の絹地に各色の絹糸で木槿の花を表わしたもので、画面上には'御書'の瓢形印に趙佶（徽宗）の落款'天下一人'の墨書までが織り出されている。当時の製作者がいかに忠実に皇帝の原作を模写しようとしていたかが知られる」[99]。当時の定州は紛れもなく絹織物の一大中心地であり、緙絲の製品が定窯の文様に影響を及ぼすことはごく自然のことであった。

　以上定窯の文様の特徴やその発展の契機などについて述べてきたが、こうしたさまざまな要素によって北宋の後期の定窯は、文様の内容や表現力を増強させ、急速に独自のスタイルを確立してゆくことになる。内外で高く評価される名窯がこうして誕生した。

銘文

　瓷器に文字を記すことは非常に古くから行われている。比較的早い例ではすでに後漢時代の浙江省産の青瓷にあり、底部に「王尊」という隷書体の刻銘をもつ青瓷双耳壺が知られている。その後も南京の三国・呉の墓から出土した青瓷虎子の「赤烏十四年会稽上虞袁宜作」の刻銘の例や、底部に「甘露元年五月造」と刻記した青瓷の熊形灯などの例が続く。華北の瓷器ではおおよそ唐代の頃から刻銘の例が見られ、「盈」「張」「翰林」などの刻銘をもつ邢州窯の白瓷が知られている。定窯でも晩唐

期には「官」や「新官」の刻銘が始まり、宋代になってからでは「尚食局」「尚薬局」「定州公用」や「龍」「花」「朝真」「喬位」「東宮」など数十種の銘文が確認されている。

1）「官」「新官」銘について

「官」や「新官」の刻銘をもつ白瓷は、建国以来南北各地の墓や窖蔵、仏塔跡、また定窯遺跡などから相次いで発見され、その総点数は200件近くにまで達している。そのうち最も早い紀年墓の出土例は、河北省霊寿県の晩唐・景福2年（893）墓の「官」銘の白瓷で、それ以外のほとんどの例は五代から宋、遼の時期に集中している。「官」や「新官」という意味ありげな刻銘が関心を呼ばぬわけはなく、その生産地や焼造時期また銘文の意味などについて、近年来さまざまな見解が発表されている。とりわけ産地の確定は最も議論の分かれる問題として注目される。

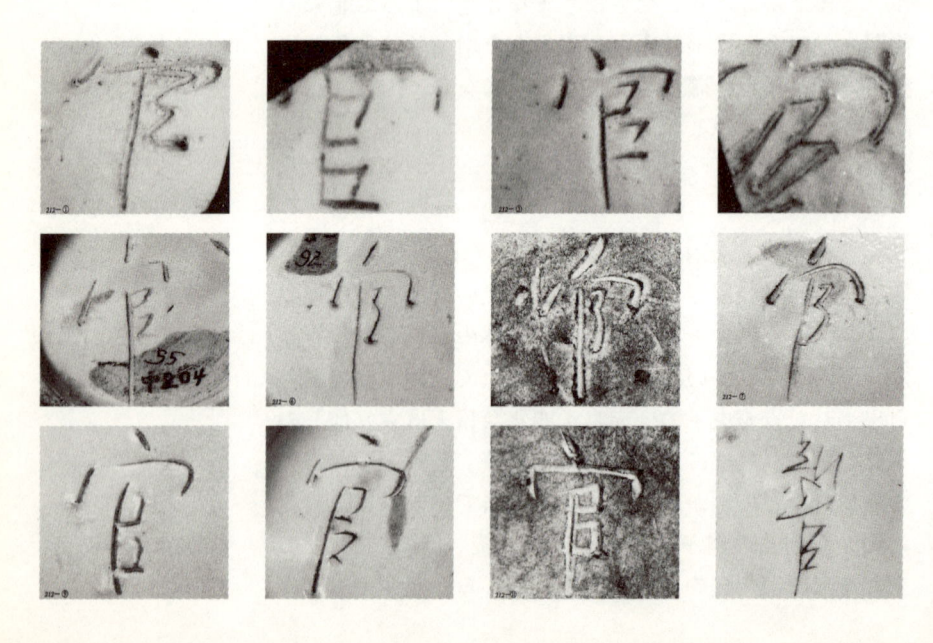

(1) 産地について

　瓷器の産地を確定する上で最も信頼できる方法は、窯跡から同じ器物を探し出すことといってよい。1985年、河北省文物研究所によって曲陽県澗磁村や北鎮で定窯遺跡の発掘調査が行われたが、その際「「官」字銘をもつ白瓷の破片は、北鎮村で4件、澗磁嶺で10件の計14件が出土し、「新官」銘の白瓷は1件が澗磁嶺から出土している」^⑳。さらにそれらの資料との比較によって、他の「官」「新官」銘の白瓷器もその多くが定窯の特徴をもつものであることが実証された。定窯が「官」「新官」銘をもつ白瓷の産地であることは今や誰もが一致して認めるものとなっている。しかし、定窯以外にも「官」「新官」銘の白瓷を焼造した窯場があったか否かについてはさまざまな見方があり、学界でも意見の統一には至っていない。各種の見解は現在のところおおよそ次のいくつかにまとめることができる。

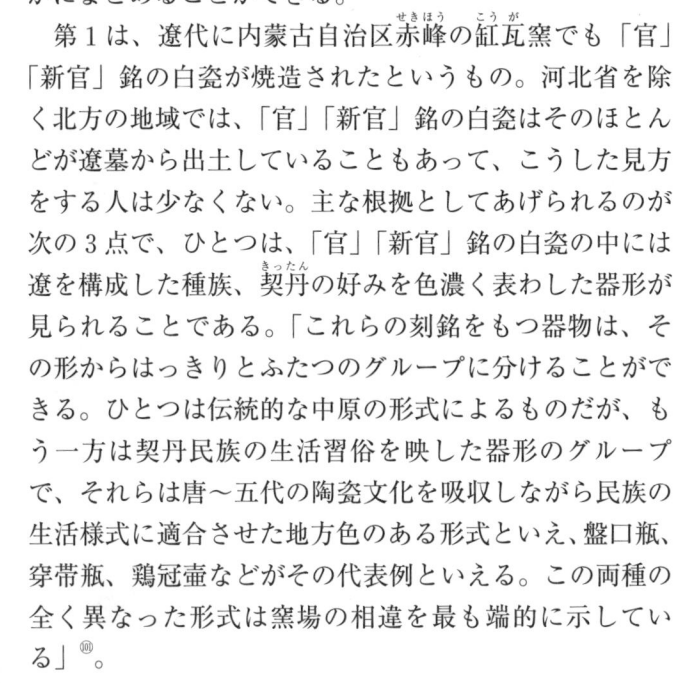

「官」字銘

「新官」字銘

　第1は、遼代に内蒙古自治区赤峰の缸瓦窯（せきほう・こうが）でも「官」「新官」銘の白瓷が焼造されたというもの。河北省を除く北方の地域では、「官」「新官」銘の白瓷はそのほとんどが遼墓から出土していることもあって、こうした見方をする人は少なくない。主な根拠としてあげられるのが次の3点で、ひとつは、「官」「新官」銘の白瓷の中には遼を構成した種族、契丹（きったん）の好みを色濃く表わした器形が見られることである。「これらの刻銘をもつ器物は、その形からはっきりとふたつのグループに分けることができる。ひとつは伝統的な中原の形式によるものだが、もう一方は契丹民族の生活習俗を映した器形のグループで、それらは唐〜五代の陶瓷文化を吸収しながら民族の生活様式に適合させた地方色のある形式といえ、盤口瓶、穿帯瓶、鶏冠壺などがその代表例といえる。この両種の全く異なった形式は窯場の相違を最も端的に示している」^㉑。

第4章◆各時代の作風と表現上の特色　99

次に、遼墓出土の「官」「新官」銘の白瓷に釉色に異同があるということが指摘される。「一類は微かに黄味を帯びた象牙のような白色で、温かみのある釉は光沢にとみ透光性も強い。これに対し別の類は微かに青味のある白色で前者とは明らかに異なり、遺例もかなり少ない」[102]。そこから、「青味を帯びた白色（微かに黄味を帯びる例もある）の釉色のものは遼の領域にある窯場で焼造された」[103]と考えられている。最後に赤峰缸瓦窯村の遼代の窯跡から、「官」「新官」の刻銘をもつ匣鉢と支焼台が発見されたことが挙げられる。

　一方で、東北地区や河北省承徳にある遼代の墓や遺跡から出土した白瓷には、かなり高い割合で定窯の白瓷が含まれているということも見逃すことはできない。李文信氏が1950年代にまとめた統計によれば、遼代の城址や陵区から出土した陶瓷資料のうち定瓷の占める割合は50～80パーセントにも達している[104]。穿帯瓶、提梁をもつ瓜形水注、盤口長頸瓶といった民族色を示す器形にしても、確かにその大半は遼墓から出土したものだが、同じような形の器物は曲陽や定州からも出土している。

　曲陽県南家荘から出土した白瓷穿帯瓶（カラー図版5）はその一例で、粗い印象の胎土や、釉、ややくだけた調子の造形などは遼瓷とよく似た雰囲気を感じさせる。このほか曲陽西燕川からは提梁のある瓜形水注が出土しているが、それは承徳の遼墓から出土したものと全く同じであった。遼墓から発見される契丹風の白瓷には遼瓷のほかに定窯の製品も含まれていたと考えることができる。

　釉色の問題についていえば、晩唐、五代期の定瓷の釉色は本来安定性を欠き、しかも多くが青味を帯びた発色で、微かに黄味を帯びた象牙色が主流となるのは宋代になってからのことであった。また赤峰缸瓦窯からは確かに「官」「新官」の刻銘のある窯道具は発見されてはい

穿帯瓶

瓜形提梁水注

るが、「今に至るまで「官」字を刻記した瓷器片は発見されておらず、残念ながら資料不足の感は否めない」[⑯]。こうした点からすると、遼代に「官」「新官」銘の白瓷を焼造したという意見は人々を納得させるに足る充分な証左に欠けていると言わざるをえない。

　産地に関する問題では、このほかに長沙から出土した「官」「新官」銘の白瓷があり、その製作地をめぐって現地の湖南省産の可能性が推測され、その主な論拠としては次の2点が指摘されている。

　第1は「官」「新官」銘の白瓷は、中国の南部からの出土例の方が北方のものより時代的に早いという見方に基づくもので、「唐代晩期までさかのぼる「官」「新官」銘の白瓷はその多くが中国の南部で出土している。長沙から出土した「官」字銘の盒2件と「官」字銘の小皿1件、また浙江省臨安の銭寛墓やその夫人水邱氏墓からの合計28件などがそうした例で、それ以外のほとんどの例は遼墓と河北省定県にある宋初の仏塔跡からの出土品で、最も早い遼墓の時代にしても五代の初期にとどまっている。南部から出土する「官」「新官」銘の白瓷が北方よりも早いことが知られる」[⑱]。

　第2の論拠としては、長沙出土の「官」「新官」銘の白瓷盒の器形や作風が定窯と異なる点が挙げられる。「長沙からは〔唐代の〕「官」銘の白瓷が3件出土しているが、そのうちの2件の粉盒のような例は北方では見ることはできない。しかも粉盒は南部の最もポピュラーな器種のひとつで、とりわけこのような高い高台をもつ方形の盒は南部で盛行した形であった」[⑲]。

　南部の出土例の方が早いとする見方が行われるようになったのは、華北の晩唐紀年墓の「官」銘の白瓷資料がこれまで発表されていなかったためであった。現在では河北省霊寿県の晩唐・景福2年（893）墓の例が知られ、その年代は浙江省臨安の銭寛（900年）と夫人水邱氏

(901年)の両墓より7、8年古く、「官」銘白瓷の最も古い紀年墓出土例となっている。粉盒という器種も定窯ではさほど稀ではなく、定州の静志寺と浄衆院の塔基からはさまざまな形の盒が出土している。しかし長沙から出土した「官」銘の高足方盒のような形は確かに発見されていない。長沙で「官」銘の白瓷を焼造したとする見解は明白な根拠には乏しいものの、その可能性までを完全に排除することはできない。

　3つめの産地に関する議論は、臨安の銭寛墓と夫人水邱氏墓の「官」「新官」銘の白瓷についてのもので、主にふたつの論拠から浙江省産の可能性が推測されている。ひとつは、水邱氏墓から出土した「官」「新官」銘白瓷の純白で薄く、堅く焼きしめられた胎に、地元の浙江省産の良質な原料の使用を認めようとするもので、次のように説明される。

「浙江省は大量の瓷石を産出し、また高嶺土の埋蔵量もかなり豊富で、臨安、諸曁、鄞県や浙江南部に産し、白瓷を生産する自然条件は整っていたと言える。墓内から出土した白瓷は薄作りで、細かく純白な胎土はよく焼きしめられてガラス化が進み、高い透光性は後世の脱胎瓷をも思わせる。このような特徴は唐代に見られる厚手の白瓷類とはかけ離れたもので、邢州窯の精品に比べてもその透光性は勝っている。こうした点からも、鉄分が少なく酸化アルミニウム分に富む当地の瓷石あるいは高嶺土の使用が推測される」[⑩]。

　ふたつめは両墓出土の、ほとんどが「官」「新官」銘白瓷からなる精質白瓷の器形と越州窯のそれとの類似性で、「30余件〔無銘の精質白瓷を加えた数〕の白瓷の形は同類の越州窯瓷やいわゆる秘色瓷とも呼ばれる上質の越州窯瓷と極めてよく似ている。水注はよく見られる瓜形に作られ、短い注口も多角形に面取りされ、把手とともに比較的高い部位に付けられている。そうした性格はと

りわけ稜花形盤、五輪花碗、大きく開いた小碗や曲杯などの例に顕著で、それらの形は越窯や秘色瓷とほとんど瓜二つといってよい」[109]。このほか、水邱氏墓の白瓷に、金、銀、鍍金銀などの覆輪(ふくりん)が装着されていることについても、「秘色青瓷と同じ工房で加工されたものと考えられ、浙江産との推測をいっそう強めるものとなっている」[110]とされる。

　しかし、まず浙江省は古くから続く青瓷の産地であって、白瓷の窯場は現在に至るまで発見されていないということがこの推論の大きな障害となっている。臨安の銭寛と水邱氏それぞれの墓内から発見された「官」「新官」銘の白瓷は「薄作りで、細かく純白な胎土はよく焼きしめられてガラス化が進み、強い透光性をもつ」とされるが、このような特徴はそのまま晩唐、五代の定窯にあてはまる。また酸化アルミニウム分の含有比が高い瓷土は北方の特産で、そのことをもって浙江産とすることはできない。越州窯との類似性についても、晩唐期には越州窯と定窯の両窯でともに金銀器の模倣が熱心に行われていたわけで、その器形や文様に共通性が見られることもなんら不思議ではない。

　金銀製の覆輪は越州窯でも定窯でも広く流行したが、水邱氏墓から出土した17件の白瓷の多くには覆輪が装着される一方で、同墓から出土した越州窯青瓷には覆輪の例が全く見当らない。この一見奇異に映る現象は、これらの白瓷が異郷からもたらされた珍奇な器皿として厚遇されているかのような感想を抱かせる。つまり、「金銀の覆輪で飾ってその珍貴さを表わし、その一方で地元の'名産品'である越州窯青瓷にはそのような特別な関心が向けられることはなかった」[111]のだと。以上の点からすると、浙江省で「官」「新官」銘の白瓷を焼造したという推論は成立しがたいように思われる。

（2）焼成年代について

　紀年墓からの資料を見ると、「官」「新官」銘の白瓷は晩唐期に始まり、北宋の早期には姿を消してゆく[⑫]。晩唐、五代の紀年墓から出土した「官」「新官」銘の白瓷については全く異論をはさむ余地はない。しかし紀年を欠く資料（「官」銘と無銘の定窯白瓷を含む）については全体的に、薄作りのシャープな形で堅く焼結したものは五代、やや厚手で古朴な形のものは唐代と習慣的に判断されている。しかし実際に晩唐の紀年墓から出土した定瓷資料を年次にしたがって配列し観察してみると、その中には丁寧に作られた美しい白瓷が数多く含まれていることに誰もが気づくと思う。純白の胎土で、潤いのある光沢を放つ釉調の一群の白瓷を見出すことはさほど難しいことではない。

　例えば河北省霊寿県の唐・景福2年（893）墓から出土した2件の「官」銘の鉢や北鎮村出土の鉢などがそうで、薄作りのシャープな形で釉肌は艶やかな光沢を見せ、堅く焼きしめられた器体は高い透光性をもっている。伝統的な見方によれば、こうした薄作りで軽く、清秀ともいえる形の定瓷はことごとく五代期の製品とされていた[⑬]。霊寿と曲陽から出土したこれら3件の薄作りの白瓷が、伝統的な観念を打破する実証例となることは間違いない。これと反対の例が曲陽県の五代・同光2年（924）の王処直（おうしょちょく）墓から出土した「新官」銘の白瓷鉢で、丸味の強い形や上部は薄く、下部は厚くなる作りなどからは、景福2年墓の白瓷鉢に見られたような才気や精細さはほとんど感じられない。

　晩唐と五代の定窯の瓷器には本質的な違いはないといってよく、両者を完全に区別することはほとんど不可能といえるほど難しい。また定窯は元来商品としての瓷器を生産する民間の一窯場であって、その製作も当然精粗両様が行われた。品質のみで時代を判断する方法にはも

ともと無理があると言わざるをえない。

　遼墓や定州の静志寺・浄衆院の塔基から出土した「官」「新官」銘の白瓷については、次のように焼造年代を考える意見がある。すなわち「それらは五代時期およびその期間に相当する、ほぼ宋が建国される以前、遼代初年の時期とみることができる」⑭というもので、その論拠についてはなお真剣な討議が必要なことは言うまでもないが、現有の資料を駆使した詳細な考察は傾聴に値するものとなっている。

（3）「官」「新官」銘の意味

「官」「新官」という文字が一体どういう意味を持つのかということに関しては現在のところ意見が分かれ、「官」の字を貢納品と関連づける見方や、官窯の意味を表わすとするもの、またその刻銘を封建貴族層の特定の注文品や輸出品に対するマークだとする説などさまざまな見解が出されている。

　この問題に関して定窯遺跡の発掘責任者でもある劉世枢（りゅうせいすう）氏はさらに新しい考え方を提示している。それは北宋早期の「官」字銘と北宋後期に現れる「尚食局」銘との間になんらかの継承関係を認めようとするもので、「もしそれが事実とすれば、'官'の字はすなわち'食官'を意味するという結論が導き出されることになる。食官は古くは大〔太〕官と呼ばれた。……'官'字の意味するところがそのように理解されれば、'官'銘白瓷の貢納品としての性格もいっそうはっきりとされてくる。なぜなら大官署こそ宋代に尚食局が設置されるまでは宮廷の膳食を掌管する部署にほかならなかったからである」⑮。

　以上さまざまな解釈はいずれも推測に基づいたもので、残念ながら説得力のある明証には欠けている。「官」銘の正確な意味の解明については新資料の発見とともに、さらなる研究の深化に期待したい。

2）「尚食局」「尚薬局」銘について

「尚食局」「尚薬局」銘をもつ白瓷は、北宋後期の定窯に見られるもので、それらの器皿は皇室の飲食や医療を担当する宮廷内の部局のために特別に製作された。この特殊な官署について『宋史』職官志は次のように記述している。

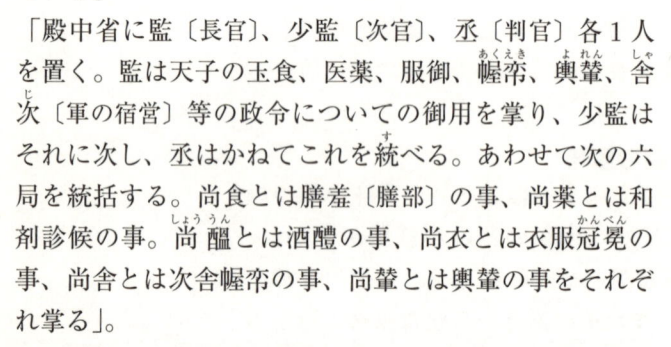

「殿中省に監〔長官〕、少監〔次官〕、丞〔判官〕各1人を置く。監は天子の玉食、医薬、服御、幄幕(あくえき)、輿輦(よれん)、舎次(しゃじ)〔軍の宿営〕等の政令についての御用を掌り、少監はそれに次し、丞はかねてこれを統(す)べる。あわせて次の六局を統括する。尚食とは膳羞〔膳部〕の事、尚薬とは和剤診候の事、尚醞(しょううん)とは酒醴の事、尚衣とは衣服冠冕の事、尚舎とは次舎幄幕の事、尚輦(かんべん)とは輿輦の事をそれぞれ掌る」。

1985年の定窯遺跡の発掘では、「澗磁嶺で2件、燕川村で23件、合わせて25件の「尚食局」銘の白瓷片が出土し、……1986年の定窯遺跡澗磁嶺の発掘では、「尚薬局」銘の白瓷残欠や破片が合わせて10件出土している」[⑭]。出土した「尚食局」銘の破片はいずれも盤や碗の類で、内面に印花で龍を表わし、底部に「尚食局」の3字を彫り入れている。口部の釉が剥がされた例があり、覆焼(ふせ)きの手法によることが知られる。

10件の「尚薬局」銘の資料は、「寸法は大小さまざまではあったが、いずれも同一器種、すなわち合口(あいくち)造りの盒の残片であった」[⑮]。これらの盒は大小のセットからなり、蓋と器身はほぼ同じ大きさで、蓋には龍文が彫られていた。「尚薬局」の刻銘は蓋と身それぞれの口縁近くに記され、蓋と身を合わせる目印ともなっている。器形から見ても「尚食局」銘の例はすべて飲食器、「尚薬局」銘の例は薬種を容れる盒に違いなく、その用途は刻銘の内容とも一致している。北宋時期に宮廷の指示によって焼造された貢納品と考えてよいだろう。

「尚食局」銘

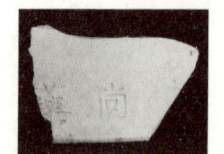

「尚薬局」銘

3) その他の銘文

　定窯の銘文にはこのほかにも王府や政府機関に関すると思われる例がある。「澗磁村窯跡からは'五王府'という刻銘をもつ碗の残片1件が出土しているが、その名の通り北宋時期に王府からの要請によって焼造されたものと考えられる。またイギリスに渡った定窯白瓷にも「食官局正七字」の刻銘もつ碗と、内面に「定州公用」という楷書体陰文の印銘をもつ盤の2例がある。'食官局'という名称については宋、遼、金三代の職官志には見ることができない」[⑱]。1989年、筆者も澗磁村の定窯遺跡で「公用」の刻銘をもつ碗片1件を採集した。高台内の刻銘2字は左側に片寄った位置にあるが、右側の失われた部分にも2文字があったはずで、おそらくは「定州公用」と記されていたものと思われる。

　その他の銘には人物の名前の例が多く、主なものに「劉万立」「朝真」「孟」「彦瞻」「喬位」「李小翁」などがあり、またそれ以外に「会稽」「易定」「穎川記」「琅邪深甫」などの銘文の例が知られている。

　定州の静志寺跡から出土した定窯の刻銘白瓷の中に極めて特殊な書体の例がある。1件の深腹碗の底部に彫られたその標記は見たところ漢字とも、また少数民族の文字とも思えなかった。その後、中国社会科学院民族研究所の劉鳳翥氏によって、これは漢字の「归〔宋元代の歸の俗字〕牛」の2字を重ね書きしたものと判読された。「瓷器の底部の文字は契丹大字でも契丹小字、さらには女真文字でもなく、漢字の「帰牛」の2字を重ね書きしたもので、陶工の名前などを記したのかもしれない。民間では現在でもこのような書き方は行われ、古代にもそうした例はある」[⑲]。

　このほか浄衆院の仏塔跡からは「至道元年」の紀年を含む58字からなる銘文を彫りつけた白瓷の壺（カラー図版35）も出土しているが、定窯の刻銘では最も長い銘文

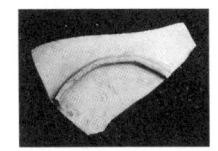

「定州公用」銘

「朝真」銘

「李小翁」銘

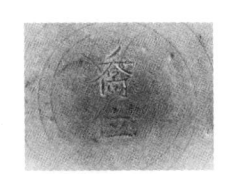

「喬位」銘

「帰牛」銘

第4章◆各時代の作風と表現上の特色　107

の例となっている。

「伝世の定窯白瓷には宮殿の名前を記したものもあるが、こうした刻銘はそれらの器皿が宮廷に納められた後に、宮廷の玉工などの手によって彫り込まれたもので、「奉華」「徳寿」「鳳華」「慈福」「聚秀」「禁苑」などの例がある」[13]。これ以外に「華苑」や「寿成殿」の銘も宮殿名の例に加えることができる。1998年に揚州文物研修センターの陶瓷班によって澗磁村定窯遺跡の視察調査が実施された際にも、「東宮」の刻銘をもつ瓷片が採集されている。「東宮」の2字は高台内の右側、高台近くの位置にあり、その名称から宮殿名の類とも思われるが、通常の宮殿名の例とは異なり、この「東宮」銘は施釉の前に彫り込まれている。果たしてどういう意味なのか、その解明は今後に残された課題といえる。

「至道元年」銘壺

「東宮」銘瓷片

第5章 定窯に類するその他の白瓷窯との比較

晩唐・五代

　晩唐・五代の時期、定窯で生産される白瓷は著名な邢州窯の白瓷に遜色のないものにまで成長し、また近年発見された河北省の井陘窯でも晩唐期に精質の白瓷が焼造されている。この3ヶ所の窯場で製作された精質の白瓷はその品質からいって基本的に同じレベルにあり、器形も大同小異ということもあって、窯場の判別には悩まされることも少なくない。しかし各窯の製品を仔細に比較対照してみれば、胎、釉、削り作業などの点に一定の相違は認められるわけで、こうした細かい観察が窯場の判別では重要な手がかりを与えてくれる。唐代で最も流行した玉璧底〔蛇の目高台〕碗を例にとって、邢州窯、定窯、井陘窯の精質白瓷の特徴を対比しやすいように表にまとめてみた。

　表からわかるように、邢州窯の胎土の質は特に優れているというわけではなく、気孔率は高く、多くの例が完全には焼結せず、また器体も相対的に厚めとなっている。しかし抜きんでた施釉技術と霜や雪にも喩えられる美しい釉肌は、こうした胎土の欠点を覆い隠して余りあるものであった。さらに精細な削りの仕上げや品質の安定性もあって、邢州窯は最上の白瓷の地位を不動のものにしたといえる。

　胎土の質のみについていえば、定窯が最上といえ、事実、気孔率は低く、瓷器化の程度も進んでいる。しかし定窯の釉層は薄くかつ透明度も高い。施釉の作業にも邢州窯のような精細さは見られず、釉の厚さも均一さを欠

	邢州窯	定窯	井陘窯
胎	原料の水簸工程は精細さを欠き、顕微鏡下で大きな石英塊を見る。素地土の熟成と揉練も充分とはいえず、試料の断面のほとんどに夾層や気孔が認められる。焼成温度は約1320℃±20℃で、ほとんどの製品が完全には焼結しない状態にあり、吸水率も大部分が2％～5％の間とかなり高く、ごく少数が1％近くあるいはそれ以下の数値を示す。	原料は精細に水簸され、熟成や揉練も充分で、試料の断面は滑らかで光沢があり、夾層や気孔の発生例は少ない。焼成温度は約1300℃±20℃で、ほとんどの製品は良好に焼成され、完全には焼結しない生焼けの現象は少数例であった。吸水率はかなり低く、一般に1.45％前後となっている。	原料の水簸および熟成や揉練はかなり充分に行われ、試料の断面の気孔や夾層の発生はかなり少ない。焼結も良好で生焼けの現象も多くはない。（胎、釉の測定結果が公表されていないので具体的な数値は不明）
釉	釉の種類は酸化マグネシウムを含む石灰釉で、鉄分含有量は1％前後とかなり高い。邢州窯の白瓷釉には比較的リン酸が多く含まれ、その数値は一般に0.4～1.1％となっている。高温下での粘性に優れ、強い被覆性をもつなどの特徴があり、ある程度の乳濁性を見せる。釉の発色は安定し、多くは粉白色かわずかに青味を帯びた白色となる。邢窯の施釉技術は極めて高く、内外共にムラなく掛けられた釉面は滑らかな光沢を見せ、釉の流下現象も極めて少ない。	釉の種類は酸化マグネシウムを含む石灰釉で、鉄分の含有量は一般に0.5～0.8％と邢州窯に比べて少ない。基本的にリン酸は含まれず、少数の例外でも0.2％を越えることはない。定窯の釉層は比較的薄く、強い透明性をもつが、青味勝ちや白味勝ちになる例など、発色の安定性には欠ける。施釉技術の精細さも邢州窯にはおよばず釉層の厚さのムラや、'涙痕'と呼ばれる釉の流下現象がしばしば発生している。	定窯と比べると釉層はやや厚く、かなりの被覆性をもっている。発色の安定性はさほど高くはなく、多くの例が青味勝ちとなるが、なかにはi窯と見紛うような純白の例もある。施釉技術のレベルは定窯に近く、釉層にはムラがあり、ほとんどの場合釉の流下現象が認められる。
削り	熟成した丁寧な削り作業が邢州窯の特徴で、細部の処理も決しておろそかにされることはない。製品の口、肩、腹、低足などは一定の方式で加工され、規範化された成形技術は製品に共通の造形性を与え、規整を感じさせる整然とした作風を可能にした。	定窯の削り工程はやや粗く、一般に内面（盤や碗など）は平らに整えられるものの、外面の処理はこれに比べてやや粗く、常に削り痕を認めることができる。高台の内刳りもかなり草卒になされた例が多い。	井陘窯の削り作業には精粗両様の例があり、粗い例は定窯に類似するものの、精細な例にはi窯にも劣らないほどのものがある。

注：邢州窯と定窯の焼成温度は上海硅酸塩研究所の測定数値によった。邢州窯に関するデータについては、「邢窯工芸美術研究」『河北陶瓷』1987年2期、定窯に関するデータについては、「歴代定窯白瓷的研究」『中国古陶瓷研究』科学出版社、1987年12月を参照されたい。

き、外面には釉の流下現象がしばしば発生する。さらに削り工程の粗さなどもあって、外観上では邢州窯にやや見劣りすることはやむを得なかった。

　近年、河北省で発見された井陘窯は極めて注目される白瓷の窯場で、現在までの調査資料によると、すでに隋代には焼造が行われ、唐代の後期にはかなりの発展を遂げていたらしく、出土した晩唐期の精質白瓷の資料は邢州窯や定窯と全く同質といえるほど美しいものであった。現在のところ小範囲の部分的な発掘が行われたのみで、資料も少なく、井陘窯に関する認識は初歩的な段階にとどまっている。

　以上、胎、釉、削りと陶芸技法の3つの観点から河北の主要な3窯場の精質白瓷について、おおまかな比較を行ってきたが、早期の定窯を判別する際にこれらの特徴はかなり参考になると思う。しかし、さらに科学的な精度の高い判定をしようとするのであれば、より多くの資料の比較研究はもちろん、胎土や釉の成分についての系統的な分析測定も欠かすことはできない。精質白瓷に及ばない中級・低級の白瓷については、各窯場ともに技術力の異なった工房が混在し、しかもこの時期の器形には地域を越えた共通性が強いこともあって、今のところそれらを各窯ごとに判別する有効な基準を見出すことはできない。河南などその他の地域で焼造された白瓷については、胎、釉、削りなどいずれの面でも定窯との差異は明らかで、両者を比較すれば容易に判別ができる。

北宋・金代（南宋を含む）

　宋・金の時期、定窯の刻花や印花の白瓷は天下にその名声を轟かせ、各地の窯場では続々とその倣製が行われた。こうした窯場は南北に跨る広大な範囲に分布するが、それら一群の窯場で形成された体系は、宋代陶瓷の大きな流れのひとつとして定窯系の名で分類されている。宋

代にこうした瓷窯体系が形成された最も主要な原因は、窯場間の市場をめぐる熾烈な競合関係にあった。「ある種の瓷器がいったん市場で好評を得ると、まず近隣の窯場で倣製が始まり、さらに継続してそうした窯場の増加、拡大が進行することによって瓷窯体系が形成される。またこの種の瓷器は販売先の土地でも地元の窯場に倣製を促すわけで、その窯系はさらに広い範囲へと展開することになった」[20]。ただし窯系という分類はあくまで大まかな捉え方によるもので、現実にはいずれの窯場でも単一の品種のみが製作されていたわけではなかった。定窯の製品の中に磁州窯の作風に倣った掻落しの器皿があれば、磁州窯の中にも定窯の作風を模倣した薄作りの白瓷があり、また景徳鎮の青白瓷のように印花技法や文様構成といった加飾表現のみならず、覆焼き技法の採用というように焼造技術の面にまで定窯の影響が及んだ例もあった。

　こうした事例からもわかるように、宋、金の時期に各窯場を互いに模倣へと向かわせた動因は、自身の製品の販路の拡大にほかならなかった。そのため各窯の陶芸全体が吸収されることはなく、一般にはそのいくつかの表面的な特徴のみが模倣された。倣定窯の製品についてみても、多くの窯場では定窯の釉色や文様表現の模倣に重点が置かれ、焼造技法などでは現地の慣用的な方法がそのまま採用され続けている。しかも胎土や釉には本質的な相違があるので、製品の外観は定窯とはかなり異なった印象のものとなっている。現実に定窯と見紛うような例は、ほとんどが河北省や山西省内の窯場で焼成されたもので、主な産地として次の窯場をあげることができる。

1）邢州窯（河北臨城）
　隋唐時期の邢州窯には3つの大きな窯区があるが、臨城の窯区はその最北端にあり、すでに発見されている20

余りの窯跡は、隋唐時期の4ヶ所を除き、すべて金、元時期のものであった。金、元時期の臨城の主要な製品は刻花や印花の白瓷で、「臨城県の山下村、解村、南程村などにある金、元時期の窯跡ではかなり多くの刻花や印花の瓷片を目にすることができる。主な文様には、鳳凰含花、水波遊魚、石榴文、牡丹文、竹枝鷺鷥、花卉唐草文、龍文、童子などがあり、印花の例には器面を6区や8区に分割する文様構成も見られた。こうした印花の器皿の内面にはリング状に胎土面が露われた例が多く、文様画面を損うと同時に使用の際の難点ともなっている」[22]。

　臨城で生産された刻花や印花の白瓷には、口縁に釉がなく高台まで釉の掛けられた覆焼きによる例もあれば、直積みの方法で窯詰めされた例もあり、その場合、製品の内面には上に重なる器皿の高台より広めの露胎面がリング状に削り出された。臨城窯の大多数の製品は、定窯と比べると胎土の色がやや濃く、釉色は灰味がかって光沢も劣り、印花の文様もやや鮮明さを欠いたものとなっている。しかし精細に作られた上質の印花白瓷は胎土、釉、文様はもちろんのこと、窯詰めの技法に至るまですべての点で定窯に酷似しているので、両者を正確に区別することは至難の技といえる。

2）井陘窯（河北井陘）

　1989年に河北省で文化財の一斉調査、再調査が行われた際に、井陘県で発見された大規模の窯場で、すでに9ヶ所の窯区が確認されているが、そのうち2ヶ所の面積は10万平方メートルを越え、最小の窯区でも1万平方メートルほどの広さであった。出土した資料には青瓷、粗質の白瓷、精質の白瓷、黄釉瓷、黒釉瓷と唐三彩などの種類がある。井陘窯はおおよそ隋代の頃に始まり、唐代には精美な白瓷をも焼造し、金代のピーク期には主に無

文の白瓷や刻花、印花の白瓷を焼造した。金代の井陘窯の窯詰め技法は定窯と全く同じもので、全体にリング状の支焼具を使った覆焼きが行われ、器形や文様表現も定窯とよく似ている。

　1996年、井陘県の河東坡で丁寧に作られた印花の模子〔型〕12件が発見され、そのうち1件、盤の型の内側には、大定二十九年（1189）の銘が刻まれていた[⑫]。これらの印花模子は形状、文様の題材、構図といずれも定窯のものに極めて近く、細かく丁寧な彫りや流れるような刻線に示された熟練の技は、いささかも定窯に引けを取るものではなかった。窯跡の資料をみても、上質の刻花や印花の白瓷ではほとんど定窯との区別はない。とはいえ、そうした類の製品は決して多いものではなく、それ以外の例は胎土、釉色いずれの面でも劣る中級低級の白瓷製品であった。その多くは、釉色は灰色味を帯びて艶やかな光沢には欠け、釉層は薄いものの被覆力がかなり強いために、往々にして印花文様の鮮明さが阻害される結果となっている。胎土の呈色も黄味や灰味がちとなり、純白の例は少ない。品質に劣る胎土にはしばしば細かい黒色の夾雑物が含まれ、表面に散在するさまは、薄い釉層を透してはっきりと見ることができる。素地土の熟成や揉練も不充分であったらしく、試料の断面には大小さまざまの夾層がたびたび発生しているが、そうした層は焼成過程でガスが溜り、気泡の原因となりやすく、事実、粗質の胎、釉の印花白瓷や無文白瓷には気泡の現象が目立つ。

　全体的にいって、金代の井陘窯は定窯とほぼ同じ生産技術をもち、また製品の外観も定窯とよく似たものではあったが、質的な面では明らかに定窯に劣る点があり、両者の区別はさほど難しいものではない。一方でごく少数の上質な刻花や印花の白瓷については、その品質は定窯とも優劣をつけ難く、外観からのみでは正確に判別す

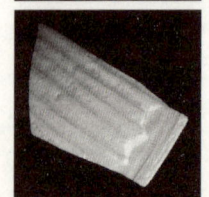

金代井陘窯の白瓷片
上・印花文　下・刻花文

ることができない。

3）磁州窯（河北磁県）

　磁州窯は華北の著名な民間窯場で、その製品は民衆の好みを色濃く表わし、また'白地鉄絵'という代表的な釉下彩技法は、陶芸と絵画的な表現とを巧みに結びつけたものといえ、それは陶瓷器の文様表現に新たな可能性をもたらすものとなった。その製品は極めて種類が多く、白地鉄絵以外にも白地線彫り、白掻落し、白地黒掻落しなどの独特な施文技法の例があり、また定窯の作風に通じる薄作りの白瓷も焼造されている。磁州窯で使用された原料は現地で'大青土'と呼ばれるものであるが、その土は瓷器の原料としては質的に劣り、焼成後の胎はやや色濃く発色してしまうため、器面の白さや滑らかさを確保するには、まず施釉の前に白色の化粧土を掛けておく必要があった。しかし定窯風の、いわゆる倣定白瓷の原料は水簸等非常に入念な精製がされていて、胎土は細かく緻密で、鉄分の含有量も低いために焼成後の胎土の色もかなり白く、多くがやや灰味か黄味が感じられる程度で化粧土を必要としない。胎土の色の違いによって「釉を透けて目に映る器物の色も違ってくる。ほとんどの例は淡雅な青灰色でやや影青の色調を帯びる。また一部ほのかにピンク味の浮かぶ温雅な印象の例もある。数は少ないが、北宋中期以降の定窯白瓷の色調に近い米黄色の例もある」[13]。

　窯詰め方法には、口縁が無釉となる覆焼きによる例もあれば、高台が無釉となる仰向きに置かれた例もある。最も多く見られるのは目積みの方法によるもので、三角形と円形2種の土目が間隔材として使用され、器の内面には前者の場合小さな3個の目跡、後者では4〜5個の不規則な楕円形の目跡が残される。磁州窯の倣定白瓷の主な器形には、盤、碗、鉢、罐（壷）、盒などがあり、

ほとんどが無文で、ごく少数に簡単な刻花文が表わされる。定窯と比較すると磁州窯の倣定白瓷は胎土こそ細かく緻密なものの、原料の差異は大きく、胎土の色や質感などに両者の違いを認めることができる。釉面の相違はさらに大きく、釉色の点はもちろんのこと、磁州窯のてらてらとした光沢は、薄く透明な定窯の釉の深味のある光沢とは明らかに異なっている。

4）介休窯（山西介休）

　山西省の介休窯は宋、金の時期に最も上質な白瓷を焼造した窯場のひとつで、純白で緻密な胎土は精良な釉で薄くムラなく覆われ、釉面の白度〔反射光の量比から算出した白さの度合、清・康熙の瓷胎で72.1～73.5〕の計測値は76.8にまで達している[⑫]。定窯と比べてみてもその釉面の白度は際立ち、ほとんど純白といえる釉面はほのかに黄味を帯びた定窯の釉面とは明らかに異なっている。印花文様の題材は比較的変化に乏しく、牡丹、蓮花、菊花などの花卉が主要なモチーフとされ、耀州窯とよく似た童子牡丹や童子菊花などの意匠も見られる。

　一方定窯の印花文の題材は多彩で、各種の花卉のほかに動物、人物、自然の情景また龍、鳳凰、螭といった各種の神禽異獣にまで及んでいる。介休窯では主に目積みの方法で焼造が行われ、盤や碗の内面や高台には3～4個の小さな目跡が残されている。このほか器の内底をリング状に削って直積みする方法も行われている。介休窯が定窯を模倣しながら、他の窯場の作風や技法をも学び取っていることは明らかで、胎土、釉の特徴はもちろん窯詰めの技法や文様の性格など、いずれの面でも定窯との違いを指摘することができる。

5）霍窯（山西霍州）

　古く'彭窯'とも呼ばれた霍州市陳村一帯にある霍窯

は、金、元時代に白瓷を焼造した山西省内の重要な窯場であった。霍窯の白瓷は薄作りで手取りは軽く、胎土は純白で細緻な外観をもつものの、やや脆く強度は劣る。主な器形は碗、盤、洗などの比較的小型の器皿で、器形からは規整のとれた製作がうかがわれる。精質の白瓷は少数の印花文を除いてほとんどが無文で、目積みが行われているため、内面には5個の小さな目跡が残され、高台にも土目の熔着がしばしば見られる。少数の粗質の白瓷では器内をリング状に削って直積みする方法も行われている。霍窯の倣定白瓷の年代は相対的にやや遅く、胎土、釉、文様は言うに及ばず、窯詰めの方法も定窯とは明らかに異なっている。

　このほか山西省の平定、盂県、陽城などの白瓷窯場も定窯の影響を受けてはいるが、それらの製品は胎土、釉、陶芸技法などに地方的な特徴が色濃く現れたもので、定窯の外観には遠く、両者を比較すればその相違は容易に判別される。

6) 彭県窯（四川彭州）

　現在のところ四川省で発見されたほとんど唯一の白瓷の窯場で、精粗両種の白瓷が焼造され、「精質の白瓷には純白の釉のものがあるが、粗質の例は灰白色となる。施文技法には刻花、劃花、印花があり、双魚文を刻花で表わした例が最も多い。その他の文様としては折枝蓮花、花葉、牡丹唐草、蓮弁、萱草などがある。刻花と劃花が併用されるなど定窯と同様な表現が見られる。印花文様は飛鳥含草、牡丹鳳凰、蓮池鳥魚、蓮池水禽、孔雀、鷹、各種の折枝花卉など主に花鳥の題材からなり、いずれも器皿の内面に表わされ、構図、題材ともに定窯の表現に類似する」[12]。

　彭県窯の白瓷の胎土は堅く焼きしめられたもので、瓷器化の程度もかなり高い。一方で胎土の色はごく少数に

かなり白い例が見られるほか、大多数の例が灰白色となっている。窯詰めには砂粒を間隔材として重ね積みする方法がとられ、盤や碗の内面にリング状に付着した砂粒は製品の美観を大きく損なっている。彭県窯の施文技法や文様意匠が定窯の模倣によることは明らかではあるが、胎土や釉は定窯のそれに見劣りし、また器内に砂粒を敷いて重ね積みする独特な方法にも地方的な特色をうかがうことができる。定窯との区別もさほど難しいものではない。

第6章 定窯の倣製品とその鑑別

元・明・清三代の倣定窯瓷

　宋・金の時期に形成された大きな窯場のグループ——窯系というものの実体は、広い意味で捉えれば当時の名窯の模倣ともいえるものであった。ただし人気のある製品に追随するこの種の動きは必然的なひとつの発展の姿でもあり、陶芸に見られるこうした歴史的な継続性は'形式延続'[⑫]として、一般に言う'倣古'とは区別される。すなわち後者は、これから述べる後代に古い名窯の作品の倣製を行うことで、その意味では倣古の製作（倣製）は元代に始まる。

　明・曹昭の『格古要論』古窯器論、霍器の条には次のような記載がみえる。

　「元朝の餓金匠、彭君宝が古定に效って製作した折腰の形式は、甚だ整斉なことから'彭窯'の名が起こった。土脈〔胎土〕がきめ細かく、白い点は定窯に類し、皆く口縁は滑らかだが、滋潤さに欠け、甚だ脆く、それほど値打ちはない。骨董を売る者はこれを新定器と呼びなし云々…」[⑫]。

　金、元にかけての霍窯では倣定器が製作の中心であったので、原則的にいえばこの例も陶芸上の'形式延続'と言うべきではある。しかし王朝の交替という現実にしたがって、曹昭は元代の霍窯の白瓷を「古定に效う」「新定器」という特徴で伝えている。それらを倣古作品と見なす意識が働いていたことは間違いない。

　倣定器に関しては元・孔斎の『至正直記』にも次のような記事がある。

「古い定器や官窯などといわれる器物を品評してみると、珍玩とは呼べないものがほとんどだが、実際に私が目にした例に次のような器物がある。家に居た時、表兄の沈子成が旧御土窯製の、径が尺ほどの肉碟〔皿〕2個を携えて余干州から帰ってきた。三十年前に造られたものだというが、その質や色は定器の中等の者に極めてよく似ていて、骨董に詳しい者でもしばしば判別できないほどであった……」。

文中にある‘御土窯’については『格古要論』古饒器の条に、

「御土窯は体薄く潤いがあり最も好ましい。無文の腰を折った形で毛口〔釉がないためざらついている口縁〕のものがあり、器体は厚いものの色は白く潤いがあって特に美しい。その価は定窯より低い。元朝に焼造された高台が小さく印花文をもつもの、内面に‘枢府’の字をもつものは価が高い。最近焼造されたものは高台は大きく無文の白地も潤いを欠き云々……」。

と記されている。孔斎が定器に極めてよく似ていると評した‘旧御土窯’の白瓷大盤が、元代の景徳鎮窯で焼造された倣定品らしいことが推測される。

出土資料や伝世品を見渡してみても、元代の倣定作品は山西省の霍窯を除いて極めて少なく、元代景徳鎮窯の倣定製品の実体については現在のところ確認されていない[⑱]。

明代の倣定に関する資料は少なく、その消息はかえって古籍の記録に詳しい。まず明・谷応泰の『博物要覧』には、

「近ごろの新作の倣定器には、文王の鼎炉や獣面戟耳の彝炉などのように、定窯の陶工に劣らない作りのものがあり、真作と紛らわしいほどになっている」。

とあり、さらに清・藍浦の『景徳鎮陶録』は倣製の事情を次のようにこと細かく伝えている。

「蘇州呉県の人、周丹泉は非凡な才覚をもつ人物で、唐太常〔皇室の宗廟礼儀を掌る太常寺の長官を務めた唐鶴徴〕とも親交があった。丹泉は江西の景徳鎮にしばしば赴いてはそのつど古式に倣った器物を製作し、聞きかじりの徒輩を眩惑した。文様、形式、色沢は驚くほど真に迫り、よほど鑑定に精しい人でなければ玉石混交ともなりかねなかった。ある日、彼は舟を傭って金閶(きんしょう)〔蘇州〕から江西へと向かったが、その途中の毘陵〔現在の江蘇省武進〕で唐太常に拝謁し、古鼎の鑑賞を願い出た。手でその寸法を測り、紙に文様を転写して袖に収め終えると、その場を辞去し再び景徳鎮へ向かった。半年が過ぎ、帰路の途中で再び唐太常にまみえた周丹泉は袖口からひとつの鼎を取り出して、太常卿さまがお持ちの白定の鼎炉ですが私も同じものを手に入れました、と言った。唐太常は大いに驚き、所蔵の古鼎を出してためつすがめつ見較べたが、疑わしい点は微塵もなく、旧炉の蓋を合わせてみるとぴったりと一致した。訝(いぶか)ってその由来を尋ねる唐太常に周丹泉は次のように答えた。私が以前拝見しました時に、再三手をあてましたのは大小軽重を調べていたのです。このものはそっくりに倣製したものです。決して嘘ではありません。太常は大いに感心し、四十金でその作を購入し、副本として所蔵することにした」。

以上ふたつの史料は、明代の景徳鎮で本物に見紛うほどの倣定器が作られていたことを伝えている。しかし残念ながら官窯、民窯いずれの明代陶瓷の中にも倣定白瓷の消息は見出すことができず、明代の倣定瓷器の実像については不明といわざるをえない。

明代には景徳鎮のほかに河北省彭城の磁州窯でも少量の倣定器が製作されている。「遺例を見ると、明代の倣定器の主な器形は水丞、鐔縁の盆、碗、盤、童子形枕などで、一般に作りはかなり粗く、一部にやや精作の例が

ある。全体的に倣製された童子形枕や碗などでは、宋代の製品に大体似てはいるものの、細部を見るといくつかの点に両者の差違は認められる。例えば童子形枕は胎土が粗いために形体がくずれ、めりはりを欠いた印象のものとなっている。童子の表情にも生気は乏しく、原作の天真爛漫、溌剌とした気分は感じられない。

碗の例では口縁両側が露胎となるが、その範囲は宋代より狭く、また銅覆輪の例や、口縁に釉の掛かる例もある。このほか、明代の倣定器の釉色は宋代の乳白色のようではなく、黄白色を呈し、釉面も平滑で宋代に特徴的な釉の流下現象——涙痕(るいこん)の現象は見ることができない。文様が施された例もあるが、暗花(あんか)や印花によるものが多く、宋代の刻劃花は少ない」[31]。

景徳鎮の製陶業は清代にいよいよ絶頂期を迎える。康熙、雍正、乾隆の3代には官窯はもちろんのこと、民窯においても優れた瓷器が製作され、陶芸技術や美術的な完成度はもとより、品種や生産量の面でもかつてないほどの偉業が達成される。統治者の好古趣味も手伝って景徳鎮の倣古製作もいっそう進み、時の監督官の名でそれぞれ'郎窯(ろうよう)''年窯''唐窯'などとも呼ばれる康・雍・乾3代の官窯でも倣古は熱心に行われた。清代の倣古の品種は空前の盛況を見せ、そのさまは『景徳鎮陶録』巻3、「倣古各釉色」の条に列記される古釉色が80余種に及ぶことからもうかがうことができる。

清代の官窯における倣定器の製作は康熙代に始まり、雍正、乾隆代に盛行する。康熙の倣定白瓷は精製された特に細かい粒子の土で作られた、いわゆる漿胎のものが多く、「白瓷釉は米黄色を呈し、凹凸のある釉質で、無文の例と刻花文の例とがある。康熙代に始まり、雍正、乾隆へと続き、官窯でも民窯でも焼造されている。文様が浮きでる凸花でよく見られる種類は双魚文の盤や洗で、その口縁は一風変わっている。非常に肌理の細かい

青灰色の胎土がのぞいていて、'青砂口'と呼んでいるが、指で撫でるとざらついた感じがある」[31]。

雍正の倣定白瓷は、「胎土はわずかに黄味を帯びた白色で、胎質はやや柔らかい印象の漿胎に類したもので、印花と暗花を彫る例とがある。釉面は微妙な凹凸、いわゆる橘皮状を呈し、細かい貫入がある。釉面や陶芸技法はおおよそ定窯の作風を倣ってはいるものの、器形や文様には時代の特徴が色濃く現れ、三犠尊（瓶）、蓮蓬盒、洗などの遺例が知られている」[32]。清代官窯の倣定作品の伝世例はその多くが雍正、乾隆期の作で、一般的に定窯の要素は釉色や刻花、印花の施文技法のみで、器形や意匠には倣製時の特徴が表わされ、底部にも多くの場合、倣製時の年号銘が彫り込まれている。右図に掲げたのは、いずれも乾隆官窯の倣定作品で、これらの例でもその釉色は定窯に近く、印花の施文も定窯でよく用いられた技法ではあるが、器形や全体の構想は全く乾隆期のものとなっている。清朝の倣定にとっての課題は古色の趣で装うことにあり、宋代の定窯が見せる淡雅な雰囲気を装飾効果として取り入れることこそが必要とされたことがわかる。その倣製は原作を忠実に写し取ろうとするものではなかった。

乾隆　倣定印花石榴尊

乾隆　倣定印花盤

『景徳鎮陶録』巻2には各種の製品とその源流が列記されているが、そのなかに「倣定を専門にする陶戸があり、盞、碗、杯、碟（小皿）などの器皿や数々の小さな玩具類が製作された。精粗はそれぞれの陶戸によって異なる」[33]とあるように、清代の前期には民窯の中にも倣定を専門にする陶戸があった。『南窯筆記』の定窯の項目にも景徳鎮の倣定に関する記事がある。「現在、南昌で倣製するものは滑石を泥に混ぜて素地土を作り、砒子釉のみを用いているが、古製の釉に遜色はなく、文様は極めて精細なものとなっている」。

民窯で製作された器皿は小品が主であり、その造形に

第6章◆定窯の倣製品とその鑑別　*123*

もその当時の感覚が盛り込まれたものと思われる。また酸化アルミニウム分に富む華北の土にありがちなわずかに未焼結の質感を再現するために、滑石などを配合するなど特に工夫をこらし、その一方で文様は精細にすぎてやや画一的でもあった。清代前期の倣定器も官窯と同じく、釉色と古雅なる雰囲気を似せることに重点が置かれ、形や文様は時の好みそのままに製作が行われた。それは宋代の定窯とは遠くかけ離れたものであった。

　伝世する民窯の白瓷の中に、白く細かい胎土にやや黄味を帯びた釉の掛けられた類がある。器身には印花か浅い線彫りの暗花で文様が表わされ、印盒や水盂といった文房用品が多い。この種の白瓷が民窯の倣定器だろうと思われる。外観が定窯とはかなり異なるので、そこから倣定ということを思いつく人は少ない。

　乾隆以降、清朝の政治は日増しに衰退へと向かい、それにともなって景徳鎮の製陶業にもかつてのような輝きは失せてゆく。当然倣古瓷の製作も質量ともに下降する。「光緒末年には、明清以来の御窯もすでに廃絶されて久しく、鎮全体で110余りの民窯はあるものの、素地作りや絵付けの技倆に目を奪うほどのものはなく、全国一と言われた名声をかろうじて支えているのはわずか数人の名画工のみであった」[⑬]。

　清王朝の衰退と西方列強の侵入によって大量の文化財が流出する。「西洋人が中国の骨董を高い価格で購入するのを受けて、営利を目的とした古玩業も猛烈な勢いで発展した。骨董商人の中には目先の利益を追う者も少なくなく、行き着く先は贋作の横行となり、大量の倣古瓷器が世の中に現れることとなった。民国でも清朝末期の風潮は踏襲され、古玩業は衰えるどころかいっそう繁栄し、倣古の製作もさらに盛んに行われた。光緒から民国にかけての倣古瓷の製作は、その期間が長期に及んだだけではなく、その種類も多岐にわたり、古くは六朝の青

瓷から近くは光緒の官窯瓷器まで、ほとんどのものがその対象とされた」[13]。

この時期の倣古瓷は完全に営利を目的としたものだったので、本物に極力似せることに精力が注がれた。実際、倣古瓷の名人の手になる傑作のうちには、高い完成度で本物と見粉うような例もある。しかしそうした倣古瓷の遺例には、定窯の倣製は少なく、また倣製としての水準も限られたもので、永楽、宣徳の青花や嘉靖、万暦の五彩の倣製に見られるような精彩さはない。

以上、元・明・清三代にわたる倣定窯白瓷の軌跡を大まかにたどってみたが、そこからわかることは、乾隆以前の倣古作には、倣定に限らず、倣汝窯や倣龍泉窯の場合にも通じる共通の性格があることであった。それは倣作がなされた動機に帰因するもので、彼らにとって倣古の意味はことごとく、古き時代を慕い尊ぶという感情の発露にほかならず、それは古色のある器皿で生活を飾ることで実現した。そのため、ほとんどの場合、古色の装いを盛り込むには、古瓷の特徴的な一面のみを再現してみせることで良しとされ、たとえかなり忠実に原作の写しがなされた場合でも、往々にして倣製時の年号が入れられた。こうした性格からこの種の瓷器は普通'倣古瓷'と呼ばれる。清末、民国の時期になると倣古の目的にも変化が生じる。利益のみに駆られた倣古の製作は'偽作'へと姿を変え、人々はそれを指して'贋作'と呼ぶようになる。瓷器の真贋を判別する際にもこうした意図的に製作された贋作については充分に注意しなければならない。

現代の曲陽における倣定器の製作

曲陽県での定窯瓷器の倣製はおおよそ1970年代の後半に始まる。その先駆けとなったのが保定地区工芸美術定瓷工場で、1975年に曲陽県城〔政庁所在地〕の西北隅に

設立されて以来、日用陶瓷を生産するかたわら、定瓷の再現に向けての研究が着手される。資料も経験も全くない情況下のゼロからの出発であり、一つひとつの難関を克服するためには幾百幾千という試験が繰り返され、倣古定瓷が始めて生産されたのは1980年のことであった。
　その後もより完全な製品へ向けての試行や改善は絶え間なく続けられた。1983年には、国内の軽工業や文化財関係の著名人を招いて曲陽県で倣古定瓷の鑑定会が開催され、工芸美術定瓷工場の製品は満場一致で好評を博する。その後一貫して倣古定瓷は工芸美術定瓷工場の有力な商品となり、遠く日本、アメリカ、オーストラリア、シンガポール、香港などへ輸出されていった。工芸美術定瓷工場が古定器の研究と倣製を目指したそもそもの目的は、中国陶瓷の優れた伝統の継承と振興、長く失われていた定窯陶芸の復元ということにほかならず、決して倣古ということだけが意識されたわけではなかった。しかし当然、倣古技術の研究と製作がいったん成功を収めたとなれば、その創作意欲は即座に新しい工芸美術品へと注がれる。曲陽の石造彫刻をヒントに観音像、古代の青銅器を参考に鼎形の香炉、また趣向をこらした寿星形の酒器と、さまざま製品が生み出された。伝統工芸の復活を謳歌するかのような多彩な造形活動は、現代に生まれ変わった定窯の姿であった。1992年、工芸美術定瓷工場は河北曲陽定瓷有限公司に改称されるが、倣古定瓷は工芸美術陶瓷の重要な製品として少数の精作をモットーに製作が続けられている。
　定窯瓷工場もかなり早くから倣古定瓷の研究と試作を行ってきた曲陽県の製陶工場のひとつで、その場所は定窯遺跡にも近い曲陽県霊山鎮南家荘にある。もともとは曲陽崗北瓷工場に属する高級瓷器の作業場であったが、「1978年に独立採算制を取り入れて一企業となり、その名を第二陶瓷工場としたが細瓷工場の俗称でも呼ばれて

いる。……1979年に定瓷の倣製を始め、1981～83年にかけて数十種の定瓷製品を次々と製作した。そのうちの40余種が国外へと輸出され、その定瓷研究は優れた科学技術の成果として河北省から一等の賞を受けている」[139]。

改革開放政策の浸透と国内の文物市場の飛躍的な発展にともなって、1980年代以降、倣古瓷の製作は異常ともいえるほどの活況を呈し、曲陽域内でも定瓷を倣製する個人作家の工房が続々と開かれている。これら小規模の工房は完全に営利を目的としたもので、製品の多くは土地土地に美術工芸品を買い歩く業者に売り渡され、各地の文物市場に流れてゆく。個人工房の倣定品の出来は全くまちまちで、本物と見紛うほど高い完成度を示す例もあれば、胎土、釉、形ひとつとして見るところのない劣悪な例もある。最近の文物市場でも曲陽で作られた各種の倣定作品をしばしば目にすることができる。

曲陽倣定窯製品の鑑別

1）胎土

まず、古い定窯で使用された瓷土原料は、現代とは異なるものだということを念頭に入れておく必要がある。かつての定窯では現地で採れる瓷土が使用されていたが、とりわけ晩唐、五代期は最良の品質の瓷土に恵まれ、焼成された瓷器の胎土は細かく純白で艶があり、瓷器化の程度もかなり高くまで進んでいる。北宋時期にも高い水準は保たれてはいたものの、早期に比べると品質面全体での低下は否めない。金代に入ると、前期こそ一定の水準は維持されてはいたが、後期になると優良な瓷土の枯渇にともなって胎土の質は急激に下降する。原料に含まれる酸化アルミニウム分が多すぎるためにほとんどすべての製品が未焼結の生焼けとなり、胎土の緻密度は低下し、呈色も灰味がかったものとなっている。

現代の倣定製品の素地土はその多くが各種の原料を配

合して調整されたもので、その基準には宋代定窯の化学分析値が利用される。この配合原料で製作された器皿は、胎土の色沢、質感ともに北宋の定窯に比較的近い印象のものとなるが、晩唐、五代や金代の胎土とはかなり異なったものとなる。倣製の際に注意を怠って、唐代の定窯でも宋、金の定窯を写すのでも、すべて同じ原料を使ってしまうことがしばしばあるらしく、倣製品のねらった時代と胎土の特徴とがちぐはぐになっている作品を見かけることも少なくない。また古代と現代では'土づくり'の技術も全く異なる。粉砕、水簸(すいひ)(精製)、熟成、揉練からなるその工程は、かつてはすべて手作業で行われた。現代では粉砕にはほとんどボールミルが使われるなど、一般に過度に精製されがちで、大きさや厚さが同じ作品でも倣製品の方がやや重く、胎土の緻密度も高くなる傾向がある。

2) 釉面

　胎土と同じように、各時期の釉面もそれぞれ異なった特徴をもっている。晩唐、五代の釉面は光沢と潤いのある質感に富み、釉と胎の結合は緊密で、ほとんどがわずかに青味を帯びた白色となる。北宋早期の釉面は前代ほどの高い質感には及ばないものの、呈色はやはりわずかに青味を帯びるものが主流で、純白な例やかすかに黄味を帯びる例などの釉色も見られるようになる。北宋の中・後期から金代前期にかけての時期、定窯白瓷の釉色は相対的にかなりの安定感を見せ、多くの例がかすかに黄味を帯びた象牙色に発色する。金代の後期は、胎土の質の低下もあって、釉面は多くが灰味を帯びたものとなり、光沢や潤いなどその質感にも、前代に比べてかなりはっきりとした格差が現れる。

　倣製品の釉色はほとんどが北宋後期の定窯に典型的な象牙色を目指したもので、確かに発色そのものは本物に

近くなってはいるが、本物の釉面がもつ深味のある自然な光沢までもが再現されることはめったにない。今までに目にした倣製品はその釉面の特徴から大よそ次の数種に分けられるように思う。

　第1は火度が上り過ぎた例で、その結果として釉面は目に障るような強い光沢で覆われる。こうした倣製品は古色を装う'時代づけ'の処理がなされていないか、あるいは不足している例といえる。もうひとつの例は逆に光沢がにぶく沈んだ調子のもので、化学薬品で表面処理を行うと往々にしてこのような釉面となる。確かに新作の釉面にありがちな照りは抑えられるものの、釉本来の艶やかな質感までもが損なわれ、不自然で生気に欠けた釉面となってしまう。

　以上の例は一般に見られるもので、その判別も決して難しくはない。しかし、最近では実験を繰り返した結果、釉材の配合を調整することによって、釉面の発色や光沢をコントロールする方法を見出したものも現れてきている。黄味、あるいは灰味を帯びたものと各種の発色が自在に再現されるばかりか、釉面の光沢もほぼ意のままになるなど、実際かなりの作品は本物と見紛うほどの水準にまで達している。真贋の判別もいよいよ複雑なものとならざるをえない。

3）造形

　曲陽の倣古定瓷の造形はおおよそふたつの種類に分けられる。ひとつは実在する作品をモデルとした倣製で、例えば曲陽倣製の童子形枕では北京故宮博物院所蔵の宋代の童子形枕（カラー図版21）がモデルにされている。倣製品の大きさにはいくつかの規格があるが、大型のものでは造形、寸法とも比較的本物に近く、顔や手足、台座の文様などの細部に至るまでかなり忠実に写されているが、頭から背中、腿に至る曲線のつながりに生硬さが見

現代　曲陽倣定童子形枕

られ、表情の刻割による描写にも本物のような生動感は欠けている。中・小型の倣製品は大型に比べると粗略さが目立ち、全体の比例は適正さを欠き、顔貌（かおかたち）も模糊としたものとなるなど本物とは遠く隔ったものとなっている。

　もう1例は曲陽で倣製された蓮弁文の浄瓶で、定州静志寺跡から出土した定窯の浄瓶（カラー図版24）がモデルになっている。おおよその輪郭は本物を倣ってはいるものの、高さと径の比率など全体のプロポーションはバランスを欠き、各部分のつながりの処理にも不自然さや生硬さが目につく。肩に付けられるはずの龍首の部位も下がり、それ自体も角度を失して水平に近くなっている。また腹部に彫られた蓮弁文も平板で活気のないもので、本物の鋭く強い表現とは比べようもない。

現代　曲陽倣定蓮弁文浄瓶

　倣製のもう1種の造形には、モデルのない全くの創作による例や、過去の造形を無規則に剽窃（ひょうせつ）する例がある。前者の倣製では往々にして思いもよらない怪し気な造形、時代の特徴をもたない器物が生まれる。一方で釉色はかなり本物に近いものに再現され、しかもほかに比較できる要素を欠いているので、かえって真贋の判断をためらわせる結果ともなっている。後者の例は時代や窯場を問わず、過去の造形を若干アレンジして倣定の製作に取り入れたもので、その結果不思議な造形が生まれている。白瓷の天鶏壺などがその例で、オリジナルが六朝時代の江南の青瓷にあることは言うまでもない。この類の倣製品は比較的容易に判別される。

4）文様

　定窯の加飾表現は各時期それぞれに異なった作風をもっている。晩唐、五代期は無文の白地が主流で、これに少量の簡単な劃花や印花の例が加わる。北宋の早・中期には深い彫りの蓮弁文や大柄な牡丹文が流行し、稜線をはっきりと表わした鋭く強い彫りに特徴を見せる。北宋

後期から金代の時期には刻花や印花の施文が盛行し、文様の題材も多彩なものとなる。流れるような刻線や謹厳な構図の印花など、精緻秀麗ともいえる表現にこの時期の特色がある。

倣製品もほとんどの例では器形に応じた施文がなされていて、器形と文様とはそれなりに調和がとれているが、なかには早期の器形に後期の刻花技法で施文するなど齟齬をきたした少数の例もある。また倣製品では一部の精作を除いて、ほとんどの刻花文に技術的な未熟さが顕著で、刻線は伸び伸びとした躍動感を欠き表現にも硬さが目立つ。

　右図の2点はいずれも倣定の刻花文の例だが、緻密さを欠いた構図や弱々しい刻花の表現など、本物との開きはかなり大きい。印花文でも事情は同じで、要を得ない型の作成からは生硬で魅力に乏しい画面しか生まれない。オリジナルの精緻で豊麗な装飾空間にはほど遠いと言わざるをえない。

　このほか時として白瓷の施文技法を黒釉、醬釉、緑釉などの上に、やみくもに移植した倣製品を見かけることもある。結果として黒釉刻花、醬釉刻花、緑釉印花など、本来定窯にはなかった品種が生まれている。

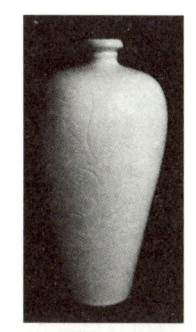

現代　曲陽倣定刻花梅瓶

現代　曲陽倣定刻花盤

◇

　以上は胎土、釉面、造形、文様の4つの面から曲陽の現代倣定製品と定窯のオリジナルとをごくおおまかに対比したに過ぎない。実際の鑑定ともなれば、まずそれに先立って定窯の各時期の作風や技法上の特徴について、充分な理解が必要とされることはもちろん、できるだけ多くの瓷片を手に取ってみることも欠かせない。そうした基礎の上に立って、胎土、釉面、造形、文様、また技法などの面からその異同を総合的に分析して初めて正確な判断が下せる。一つ二つの細部の特徴のみで作品の是非を決めることは厳に慎しまなければならない。

第7章　図版解説

1　白瓷　瓜形水注　　　　　　　　　（カラー図版2）
晩唐　高：15.5cm
1980年浙江省臨安県水邱氏墓出土
臨安県文物保管所

　器身の数ヶ所を縦に押し窪めた瓜形の水注で、八方に面取りされた短い注口と平板状の湾曲する把手を向かい合わせの位置に配している。瓜形の意匠を除けば、加飾文様は肩にめぐらせた数本の刻線のみで、起伏に富んだ白い器肌の美しさがひときわ印象深い。優美な印象をさらに華やかに彩っているのが金属の装飾で、鈕、合口、注口は金銀の薄片で覆われている。底部に「官」字の刻銘をもつ。

　この水注は銭寛の夫人、水邱氏（天復元年〈901〉没）の墓から発見されたもので、金銀器に倣った造形は定窯の特徴ではあるが、それを意匠として巧みに消化した姿はいかにも焼きものらしい柔らかさを見せ、こうした作風を代表する遺例となっている。金や銀のすぐれた延展性は薄い器皿の製作を可能にしたが、当然薄くなればなるほど剛性は低下することとなり、なんらかの工夫が必要となる。瓜形という意匠も本来は金属器特有のもので、器腹を小さな弧線で分割することによって変形しにくい構造になっている。陶瓷器の場合には、焼成によって堅く焼結しているので変形等の問題はなく、そこでは金属器を思わせる加飾意匠として用いられることになる。均整のとれた美しい形姿の水注で、晩唐の定窯水注の精品である。

2　白瓷　鳳首瓶　　　　　　　　　（カラー図版6）

晩唐　高：38.6cm　底径：11.8cm
1997年河北省曲陽県澗磁村出土
河北省博物館

　口縁を3葉形に作って注ぎ口を前に伸ばし、後方の外縁から胴部まで垂直に把手を渡したギリシア陶器のオイノコエと言われる形式の瓶で、鳥の頭部を象った蓋をともなうことから鳳首瓶と呼ばれる。鳳首瓶の原型はササン朝ペルシアの銀器にあり、エキゾチックな造形は唐三彩をはじめ邢窯や定窯の白瓷に写し取られていった。

　澗磁村から出土したこの鳳首瓶は優美な形姿と良好な釉調で印象深い作品で、細い頸と卵形の胴をもち、底部には裾を広げた高台が作られている。把手の形はこの時期に特有の細紐を束ねたような形式で、大きめの鳳首には線彫りで折線や弧線、小円が表わされている。器身は、上腹部に浅い圏線3本が入れられる以外いっさい文様はなく、純白で堅緻な胎土はわずかに青味を帯びた白瓷釉で覆われている。秀抜な意匠、典雅な造形には濃厚なペルシア文化の色彩が感じられ、それは同時に国際色豊かな唐代の縮図、東西文化の交流の反映であった。しかし、その一方で各部の形態やバランスなどが、中国人の感覚による解釈、陶瓷器という材質に適った変化が加えられていることも見逃すことはできない。さまざまな意味で注目される作品であり、晩唐定窯の数少ない優品といえる。

3　白瓷　堂宇形枕　　　　　　　　　（カラー図版15）

五代〜北宋時代　高：13.6cm　長：22.9×18.4cm
上海博物館

　唐草文を彫り出した如意頭形の枕面を方形の台が受ける形式の瓷枕で、珍しいことに台の全面が木造建築を写した形に作られている。1間四方の簡素な構造ではある

が、扉や窓はもちろん梁に斗栱、基壇や階段まで備えた本格的な建物で、前後につけられた観音開きの扉は、前は閉じられているものの、後ろの半扉は開けられて、長衣の人物が姿を現わしている。

　定窯ではさまざまな形の枕が作られているが、最も多く見られるものは人物や動物を象ったもので、こうした建物の形を写した意匠はほとんど見ない。現在のところ本例のほかには大英博物館の収蔵品に1例があるのみで、両者は開けられている後ろの扉の左右が異なるほかは瓜二つといってよい。写生的に表わされた建築構造には、南京南唐二陵の内部装飾との共通性も認められ、美術作品としての価値のみならず、建築史の上でも貴重な資料となっている。

4　白瓷　童子形枕　　　（カラー図版17）
北宋時代　高：15.6cm　長：20.8cm
サンフランシスコ・アジア美術館

　定窯の瓷枕の中でも奇抜な意匠の逸品として有名な作品で、ドレープを掛けられた方形の台上には、太い茎を抱えこむようにして寝転ぶ童子が表わされ、全体を覆うように葉先を広げた蓮葉が頭をのせる枕面となっている。大きな茎を確かめるように添えられた手、その動きに負けまいと絡めた足など、いかにも子供らしい仕草が写し取られ、とりわけ仰向けに大きな葉を見つめる涼し気な表情の描写は目を奪う。優れた造形感覚は美しい曲線を描く蓮葉のフォルムにも示され、両端をはね上げた枕面は中央になだらかな窪みを作り、前後の端をしなやかに下げている。枕面に細かく彫り出された花卉唐草文は華やかな印象を加え、周縁に入れられたⅤ字形の刻み目は心地よい律動感を生んでいる。焼成も良好で、純白の艶やかな光沢を見せる釉肌はこの作品をいっそう印象深いものとしている。

定窯で作られた童子形の枕は基本的に2種に分かれ、ひとつは童子の身体を枕の本体とするもので、その背中が枕面とされ、もう一方は童子の像は台部に表わされ、葉形などの枕面がそれとは別に用意される形となる。もちろん本例は後者の形式に含まれるが、ともすれば唐突ともなりがちな童子と蓮葉の題材を枕という造形物にまとめあげる手腕はすばらしく、風に揺らめく葉蔭で戯れる愛らしい童子のさまは、そのまま涼やかな午睡の心地よさに誘うようにも見える。研ぎ澄まされた造形感覚と高い陶芸技術が遺憾なく発揮された作品といって過言ではない。

5　白瓷　婦女形枕　　　　　　　（カラー図版18）
　　北宋時代　高：16.0cm　長：44.0cm
　　1985年定窯遺跡出土
　　定窯遺跡文物保管所

　豊満な貴婦人の寝姿をそのまま枕の本体に意匠化した作品で、身にまとう長衣や高く結い上げた髪型、添えられた髪飾りまでをも克明に描き出そうとする強い表現意欲は、この枕をいっそう絢麗な印象の造形作品にしている。
　左肘をついてその腕に頭をのせ、楕円形の寝台に伏して、その背を枕面とするポーズにはやや工芸的なデフォルメはあるものの、表情や髪型の強い表現力はそれを補ってあまりある現実感をもって見るものを引きつける。
　定窯の人物形の枕は小型で丁寧に作られる例が多く、一般に、その長さは30センチをわずかに超える程度のものとなっている。そうした中で群を抜いた作例が、この定窯遺跡から出土した婦女形の枕で、長さ44センチという大きさといい、際立った描写力といい、まさに定窯の彫塑的な造形の白眉といってよく、稀代の名品と呼ぶにふさわしい優作となっている。

6　白磁　童子形枕　　　（カラー図版20）
北宋時代　高：18.8cm　長：31.5cm
台北故宮博物院

腹這いに寝そべった、ふくよかな童子の姿の枕で、背中をゆるく反らせて頭をのせる部分が作られている。丁寧に描写された作品で、長衣にチョッキのような着衣を重ね、ズボンを穿いた童子は、両腕を組んだ上に頬をのせて顔を横に向け、右手を縫取りのある毯に伸ばし、足先を跳ねあげるいかにも幼児らしいポーズで表わされている。着衣背面の蓮唐草や脇の七宝繋ぎなどの細かい文様、下に置かれた楕円形の寝台にめぐらされた鮮やかな彫り文様など、寝具にふさわしい装飾性も周到に盛り込まれている。特に非凡な表現力は童子の顔の描写に表わされ、ふくよかな輪郭、くっきりとした目鼻立ちで、大きく開かれた目は何かを訴えるかのように愛くるしい。底部には乾隆御製の詩が彫り込まれている。

童子形の枕は定窯の中でも名品として知られ、歴代の統治者は好んで賞玩した。清・乾隆帝も御製詩の中で定窯の童子形枕を大いに讃え、玉工に命じてその詩句を器底に彫り込ませている。乾隆の瓷器を詠んだ御製詩にはこのほかにも定窯の童子形枕を題材にしたものが数多く残されている。

7　白磁　蓮弁唐草文龍首浄瓶　　　（カラー図版23）
北宋時代　高：60.9cm
1969年河北省定州浄衆院塔基出土
定州市博物館

頂部に細く長い注口を突き出した浄瓶と言われる器形で、その形は長頸の盤口瓶の上に漏斗を覆せて置いたように、長い頸と鐔状の張り出しを持つことに特徴があり、肩の一方には注水口が付けられる。本例は数ある浄瓶の中でも群を抜いた大作で、細い頸部は単調さを嫌うよう

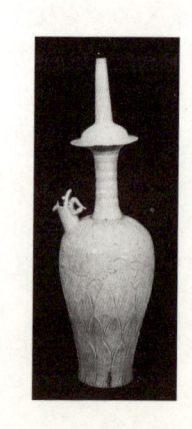

に竹節状に作られ、豊かに張り出した肩から上腹部のラインは裾を長く絞って美しいシルエットを描いている。

　肩の注水口は龍首形に作られ、爛々と目を輝かせ、牙も露わに大きく口を開くさまは、この瓶の製作にかけた陶工の気迫を思わせる。ともすれば安定感を欠きがちな細長い器形を堂々とした印象のものにしているのが加飾表現で、巧みな文様構成、強い表現性はこの瓶をこの時期の定窯を代表するモニュメンタルな作品にしている。とりわけ肩と裾に重層的に彫り出された蓮弁文は圧倒的な力感の構築性を見せ、仰覆の蓮弁に囲まれたスペースには造形と加飾の緊張を解き放つかのように、花卉唐草が流れるような輪郭で鮮やかに彫り出されている。釉色はわずかに青味を帯びた白色で、純白の胎土は堅く焼結している。

　浄瓶は本来仏具のひとつであるが、その器形のユニークさもあって鑑賞の面から見ても魅力的な作品が少なくない。定州の静志寺と浄衆院の仏塔跡の地下施設からは、白瓷の浄瓶が合わせて20余件出土しているが、ほとんどが10センチから30センチ前後のものであり、60センチを超えるこのような大作の瓶は定窯の中にもほとんど類例を見ない。

8　白瓷　蓮弁文瓢形水注　（カラー図版27）
北宋時代　高：22.0cm　胴径：17.3cm
大英博物館

　小さい口をわずかに立ち上がらせた瓢形の器身に短い注口と平板状の把手を付けた水注で、底部には輪高台が作られる。球状の腹部には上下ともに仰覆の蓮弁が彫り出されているが、重層的な構成、鎬を立てた鋭い彫りは器面に変化を与え心地よい律動感を生んでいる。こうした浮彫り状の深い彫り文様は、定州の静志寺や浄衆院から出土した浄瓶や壺と共通するもので、この時代の大き

な特徴ということができる。

　定窯でもその早期には加飾文様に関心が向けられた様子はなく、ほとんどの器物が無文で製作されている。北宋早期になるとそうした情勢は一変し、越州窯青瓷の影響を受けて深い彫りで蓮弁文などを表わすことが流行する。この種の刻花技法の特徴は、彫り出しの鋭さ、深さにあり、文様の輪郭はエッジを立てるように強く彫り出され、文様全体が器面から浮き出るような強い視覚効果が生まれた。

9　白瓷刻花　牡丹唐草文梅瓶　　（カラー図版37）
北宋時代　高：36.5cm
デイヴィッド財団

　縁を丸めた小さな口、短い頸部を豊かに張り出した広い肩にのせた瓶で、長胴の器身は裾に向かってなだらかに絞られ、底部を軽やかに開いている。優美な器形にふさわしく胴部の広い画面には大柄な牡丹の図柄が彫り出され、構図を引き締めるように肩には捻花、裾には蕉葉の刻文が配されている。

　梅瓶と呼ばれる宋代に新しく生まれた器形の瓶で、小さな口と優美なシルエットを見せる器身に特徴があり、唐代のふくよかな造形と鮮やかな対比を見せる形姿には、宋代ならではの清新で洗練された造形感覚が表わされている。同じことは加飾表現にも言え、生動感に溢れた花文は伸び伸びと器面をめぐり、その表情を熟練の技によって自在に変化させている。最盛期の刻割技法を代表する作例で、こうしたモノクロームの世界でこそその魅力を十分に満喫することができる。

10　白瓷刻花　花卉文玉壺春瓶　　（カラー図版38）
北宋時代　高：25.2cm　口径：6.6cm
台北故宮博物院

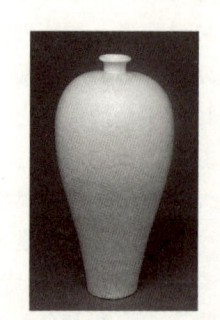

口部を大きく開いた細長い頸の瓶で、滴のような形の撫で肩で下膨れの胴部をもち、底部には輪高台が作られる。柔和な輪郭で包まれた気品のある姿で、胴部には大ぶりの蓮花が彫り出されている。

　玉壺春瓶の名前で親しまれている優美な印象の瓶で、この形式も宋代に登場した新しい器種のひとつである。その名称は「玉壺先春」あるいは「玉壺買春」の詩句に因むものとも伝えられ、盛酒の容器ということから、'玉壺春' という銘酒の名前が、それを酌む瓶の呼称となったとする説もある。玉壺春瓶の特徴はなだらかな曲線が生み出す効果を充分に意識した見事な造形感覚にあり、流れるような輪郭は、見るものにいい知れぬ快感を呼び起こす。そうした優れた造形性は強く人々の心を捉え、瓶類の精華として、宋代に生まれて以来、元、明を経て清代に至るまで、非常に長い期間にわたって製作され続けている。

11　白瓷　双獣耳簋　　　　　　（カラー図版39）
　　北宋時代　高：10.9cm　口径：13.4cm
　　台北故宮博物院

　古代の青銅製の盛食器「簋」を写した作品。口部をわずかに立ち上げた深い鉢形の器身で、底部は高い輪高台で受け、器身の左右、口から裾に怪獣を意匠化した把手を渡している。胴部の文様は、青銅器では '溝文' '直条文' などとも呼ばれる数本の連続する突線を器身にめぐらせるシンプルなもので、いかにも古典的な造形にふさわしい品格を見せる。製作も丁寧で、端正な姿はわずかに黄味を帯びた牙白色の釉色とあいまって厳かな雰囲気を醸し出し、良好な焼成で得られた滋潤な釉肌は金属器にはない温もりを伝えている。

　復古的な思潮は宋代の特色でもあり、王室の府庫には古代の青銅器や玉器が大量に収蔵され、そうした嗜好は

達官貴人や文人雅士の間にも広がっていった。礼制の重器であった商周の礼器の倣作も盛んに行われるようになり、銅製、玉製はもちろんのこと倣古の製作は陶瓷器にまで及んだ。官窯、定窯、鈞窯、龍泉窯など当時の著名な窯場のいずれもが倣古瓷の焼造を行っている。この定窯の倣古作は、器形、文様、珥と呼ばれる方形の突起を付けた獣形の把手など、西周早・中期の青銅簋が祖型になっていることは明らかで、その特徴を的確に造形化しようとする丁寧な製作態度が見るものを引きつける。定窯の倣古作の中でも類例の稀な精品である。

12　白瓷印花　雲龍文盤　　　　　（カラー図版62）
北宋時代　高：4.8cm　口径：23.1cm
上海博物館

ゆるやかな弧を描いて口部を立ち上げる盤で、外底には輪高台が作られる。この盤の魅力は圧倒的な迫力を見せる印花文の画面で、密雲とそれに囲まれた一頭の巨龍の姿はその輪郭を鮮やかに浮き上がらせ、強い表出力をもって見るものに迫ってくる。胸を大きく湾曲させ、頭を盤の中心にもたげた巨龍は、円形の画面に合わせるように体躯を反転させ、激しく揺れ動く尾を頭を越えて前足に接するほどに伸ばしている。巨大なエネルギーを表わすように鬣や体毛は激しく波打ち、その眼前には求める宝珠が浮かぶ。飛翔する霊獣の的確な描写、円形の器面を生かした巧みな構成力から動感に溢れた独特の装飾空間が生まれている。

定窯は民間の窯場ではあったが、晩唐以来絶えず貢瓷の焼造は続けられていた。そうした事実は窯跡の出土資料からもうかがうことができ、龍文や鳳凰文などのように、文様の題材から宮廷に向けての製作が推定される例もあれば、「尚食局」「尚薬局」などの刻銘をもつ資料のようにはっきりと官署名が記された例もある。

定窯の印花文様は豊富な題材と謹厳な構図に特徴があり、一見繁縟とも見えるモチーフをひとつにまとめ上げる構成力はすばらしく、出現の当初からほぼ完成された表現が見られることから、定州の緙絲(かくし)との関連を指摘する研究者もいる。定州は古くから絹織物の主要な産地として知られ、とりわけ緙絲と呼ばれる高品質の綴(つづ)れ織りはその細密な表現で「天下の珍品」とまで称されている。他の工芸品の長所を積極的に摂取してゆくことは定窯の御家芸でもあり、緙絲の完成された図案を瓷器に移植することがあったとしても何の不思議もない。まして印花という加飾技法をもってすれば、緙絲とは比較にならないほど単純な工程で驚くほどの視覚効果を上げることができる。定窯の印花表現の特色とも言われる華麗な性格はそうした背景の中で形作られたように思われる。

13　白瓷刻花　蓮花文洗〈重文〉　　（カラー図版69）
北宋時代　高：12.1cm　口径：24.5cm
大阪市立東洋陶磁美術館

　口縁に金属製の覆輪を被せた深鉢形の洗で、底部には低く細い輪高台が作られている。薄い象牙色の肌に鮮やかに浮かび上がる刻文の美しさは定窯の大きな魅力のひとつで、この内外に大柄の蓮花を表わした洗はまさにそうした技法が絶頂期にある時の作品といえる。
　定窯の刻花文の器皿を見ると、碗や盤の類では内面のみに施文される例が多く、このように外面にまで刻文のある例はほとんど見ない。
　これは見る側の視角を考えてのことで、低く平らな器皿ではその視線はほとんど内面に注がれることとなるが、この洗のように深く立ち上がった器壁となれば条件は異なり、その空間にも加飾への意識が働く。こうした対象者の視線を強く意識した構成は、今日の商業デザインにも通じる感覚で、そこにも高度に発展を遂げていた

定窯の加飾表現の一端を垣間見ることができる。

14　白磁褐彩　肩輿　　　　　　（カラー図版75）
　　北宋時代　高：15.5cm
　　1969年河北省定州静志寺塔基出土
　　定州市博物館

　方形の屋形の左右に長い棒を渡し、4人の輿夫が担ぐ情景を表わしたミニチュアで、全体は薄い底板の上にのせられている。屋形の前面に開けられた出入口は半ば簾（すだれ）で隠されているものの、中には端座する婦人の姿を認めることができる。貴人の乗り物にふさわしく、入口の上額は化粧綱で花形に飾られ、六角尖頂形の屋根の頂部には蓮弁の座に宝珠を表わしている。輿夫は短い上着、長いズボンの動きやすい出で立ちで、前に汗拭（ぬぐ）いをさげ、片腕を肩に担いだ棒に回し、もう一方の手はバランスをとるように腰に添えられている。特徴を捉えた簡潔な表現は、ゆっくりと進む歩様を偲ばせる。屋根の部分には黒褐釉が掛けられ、屋形の周囲や輿夫などにも黒褐色の点彩が加えられている。

　肩輿は、'轎'あるいは'輿'と総称される中国の伝統的な乗り物で、時代によって形式や呼称にもさまざまなものがある。この肩輿は、静志寺仏塔跡の地下施設から発見されたものだが、手捏（づく）ねや型抜き、透し彫り、貼花をはじめ印花や点彩など、あらゆる技芸を駆使した製作はすばらしく、定窯の立体造形の中でも傑出した作品となっている。

15　柿釉金彩　牡丹文碗〈重文〉　　（カラー図版78）
　　北宋時代　高：4.2cm　口径：12.9cm
　　東京国立博物館

　直線的に大きく開いた端正な姿の碗で、底部は小さめの輪高台となっている。深みのある茶褐色は醤釉とも柿

釉とも呼ばれ、定窯のこの種類を指して俗に'紫定'あるいは'柿定'とも言う。珍しい釉色もさることながら、この碗の存在をひときわ有名にしているのが見込みに施された金彩の文様で、円形の画面を埋めるように葉を伸ばし花を咲かせたひと株の牡丹花は、富貴の花の名そのままに光り輝いている。

定窯の金彩は人々の注意を引くものであったらしく、その技法について書き留めた史料も残されている。周密（1232〜98）の『志雅堂雑鈔』がそれで、「金花の定碗は大蒜汁をもって金を調え画を描く。然る後に再び窯に入れて焼けば永くまた脱れず」と記されている。しかし実際に伝世している金彩の作品を見ると金彩のほとんどは擦り消え、その痕跡が認められるのみとなっている。「永くまた脱れず」というコメントも余り信用できるものではないらしい。この柿釉の碗はそうした中で極めて保存状態の良い稀有な例で、「金花定碗」本来の魅力を伝える貴重な作例となっている。

16　褐彩白搔落し　牡丹唐草文瓶〈重文〉

（カラー図版87）

北宋時代　高：17.3cm　胴径：19.5cm
大阪市立東洋陶磁美術館

梅瓶の下半部を断ったような丸々とした輪郭の平底の瓶で、純白の堅緻な胎土をもつ。器形もさることながら、この瓶の特色は器身全面に表わされた搔落しの文様にあり、白い瓷胎に褐色の牡丹唐草を鮮やかに浮き出す意匠は独特の装飾性を見せている。

搔落しは、北宋の磁州窯で高度に発達する新しい加飾技法で、胎土と化粧土の対比で文様を強調する表現に特色がある。その技法は北方の多くの窯場に影響を与えることになるが、定窯もその例外ではなかった。

この瓶では褐彩搔落しという手法が採られているが、

その作業工程はおおよそ次のように行われる。まず成形を終えた器体は褐色の化粧土でコーティングされ、化粧土が完全に乾ききらないタイミングを見計らって、文様の輪郭が線彫りされる。さらに余白の部分の化粧土が掻落され、最終的に透明釉で覆われて焼成される。この瓶と同形の器種は磁州窯にもあり、その影響下に製作されたものと思われるが、優美ともいえるシルエットや精細な彫り文様には磁州窯の作品にはない繊細で洗練された感覚がうかがえる。

17　褐彩白掻落し　蓮花文枕　　　　（カラー図版90）
北宋～金時代　高：10.5cm　長：18.4×15.0cm
河北省定州出土　定州市博物館

　量感のある楕円形の枕で、手前を下げて枕面にゆるい傾斜をもたせている。胎土はわずかに黄味を帯びた灰色を呈し、薄作りの器体は軽い。平らな楕円形の画面に掻落しの技法が発揮され、蓮実と蓮葉を上下に配し、その間を唐草で埋める構成は独自の装飾空間を作り出している。

　一口に掻落しといっても、その技法にはさまざまな種類があるが、この枕の手法は白掻落しと呼ばれるもので、成形後の器体に白化粧を施し、乾ききらないうちに文様の輪郭を線彫りし、余白を掻落すという工程で製作されている。掻落された部分に現れた胎土の濃い目の色と白化粧の文様との対比を利用した加飾表現で、技術的な習熟度はもちろんのこと、モチーフの選択や構成力という美的な感覚が試されることとなる。この枕に見られる技法は磁州窯のそれとほとんど同じもので、側面の唐草に見られる粗放な表現などにも明らかにその影響が認められる。一方、枕面の文様構成には定窯ならではの優美で繊細な感覚が保たれ、薄作りで軽い器体も磁州窯のものとは異なっている。

〔注〕
①通天河の水源は神仙山（古代の恒山、別称大茂山）南麓にあり、水源地が高く、あたかも水が天から降る感があることからこの名称がある。また水源地が恒山にあることから恒水とも呼ばれる。季節変動のある河川。
②三会河の水源地は、曲陽県北部の青山、鋪塔石、紅崗の3ヶ所で、3つの流れが仁景樹、葫蘆汪の一帯で合流することからこの名がある。増水期を除いて磨子山から南鎮までは水が涸（か）れるため干〔乾〕河溝とも呼ばれている。
③『戦国策』中山策、「犀首立五王、而中山後持」。魏の犀首公孫衍は、五国の君主がともに王号を称することで合従を策し、中山は最後に王号を承認された。
④薛増福、王麗敏『曲陽北岳廟』、河北美術出版社、2000年4月。
⑤曲陽県文物保管所『曲陽攬勝』、2000年12月。
⑥羅福頤「河北曲陽県出土石像清理工作簡報」；李錫経「河北曲陽県修徳寺遺址発掘記」、『考古通訊』1955年3期。
⑦同⑥、李錫経。
⑧曹昭撰・王佐補『新増格古要論』、明・天順3年本巻7。
⑨唐秉鈞『文房肆考図説』、清・乾隆43年本巻3。
⑩⑪葉麟趾『古今中外陶瓷彙編』、（北平）文奎堂書荘、1934年。
⑫小山冨士夫「定窯窯址の発見に就いて」、『陶磁』13巻2号、1941年。この記載によれば、採集した瓷片資料は澗磁村で1106、燕川村で99の合わせて1205件。これらの資料は根津美術館と出光美術館に保管されている。根津美術館で1983年に開催された「定窯白磁展」で整理された資料は公開され、その成果は同展図録『定窯白磁』にまとめられている。
⑬葉喆民「定窯窯址発現50周年——記念我国陶瓷界老前輩葉麟趾先生」、『硅酸塩通報』1984年3期。
⑭1951年の陳万里氏の調査報告は、「邢越二窯及定窯」、『文物参攷資料』1953年9期。
⑮河北省文化局文物工作隊「河北曲陽県澗磁村定窯遺址調査与試掘」、『考古』1965年8期。
⑯〜⑳河北省古代建築保護研究所『曲陽県定窯遺址保護規画方案』、2001年5月。
㉑この発掘の正式報告は現在のところ発表されておらず、文中の数字は、『中国考古学年鑑』1987、1988年（文物出版社、1988、1989年）によった。
㉒同⑮。
㉓馮先銘『定窯』（中国陶瓷）、上海人民美術出版社、1983年9月（邦文版『定窯』中国陶瓷全集9、美乃美、1981年）。
㉔李輝柄「定窯的歴史以及与邢窯的関係」、『故宮博物院院刊』1983年3期。
㉕謝明良「定窯白瓷概説」、『定窯白瓷特展図録』、国立故宮博物院（台北）、1987年。
㉖1960〜62年に河北省文物工作隊が澗磁村で部分試掘を行った時点では、編年に利用できる墓などからの出土資料はほとんど皆無の状況にあり、その結果考古発掘で得られた層位関係と古文

献の記述などのみで時代区分を決定するよりほかはなかった。しかも古文献の多くは定窯の刻花や印花の白瓷を北宋とするのが常であった。

明の『格古要論』、清の『文房肆考図説』などいずれの文献にも、定窯瓷器は政和、宣和期の作が最もよろしいと説かれている。「古定器は宋時に焼くところのもの、定州に出ずる。今の直隷真定府なり。象窯のような色で、竹絲刷紋〔細い筋状の成形痕〕のあるものは北定といい、政和、宣和間の窯を以て最も好しとす。……定窯は土脈細かく、光素〔無文〕・凸花・劃花・印花・繡花などの種がある。多くは牡丹・萱草・飛鳳にちなみ、式多く工巧みである…」（清・唐秉鈞『文房肆考図説』)。試掘時の層位の時代区分にも、こうした記述からの影響が明らかに認められる。

㉗1970年代になってから、金代の墓からの定瓷の出土資料は徐々に増加している。特に北京通県の石宗壁墓（金・大定17年）や吉林省農安の趙景興墓（金・大定22年）などの紀年墓からの定瓷は金代の定窯を判定する基準資料となっている。1978年には曲陽県北鎮村の窖蔵から４件の印花模子〔型〕が出土し、そのうち３件には金代の年号が刻されていた（後注(59)）。これらの資料と窯跡出土の資料を比較してみると、試掘報告の中では宋、金ふたつの時代の資料をことごとく北宋としていることがわかる。

㉘中国硅酸塩学会編『中国陶瓷史』，文物出版社，1982年。(邦訳は『中国陶磁通史』，平凡社，1991年)

㉙同㉓。該書の時代区分は実際には北宋から始められ、宋以前については‘定窯の焼瓷史’の節で、簡潔に紹介されているにすぎない。このほか、馮氏は前注㉘第５章第３節で‘曲陽窯’の名で唐、五代の定窯について触れ、第６章第１節の定窯の部分でも再び同じ時代のことを取り上げている。澗磁村定窯遺跡はあくまで全体が一連の堆積層から構成され、時代の違いで‘曲陽窯’と‘定窯’とに分けようとするのであれば、編年上の混乱が生じるだけでなく、定窯の歴史を全体的かつ系統的に研究しようとする際にも益するところはないと思う。

㉚定窯遺跡の堆積層の残存情況や層序は必ずしも均一ではない。窯区東部（北鎮一帯）の唐代早期の瓷片は最下層にある地点もあれば、ある場所では地表に露出している。澗磁嶺、澗磁村一帯では唐代早期の瓷片はいずれも最下層に堆積され、ほとんど地表に見ることはできない。

㉛霊寿県董家荘にあり、先年破壊にあっていたが、一部の文化財が県の文物保管所によって農民から回収された。その中には「官」字銘の白瓷鉢２件と墨書のある長方塼１件が含まれ、白瓷は薄作りで堅く焼きしまり、塼の墨書には「□福二年歳次癸丑十月乙未朔」という年号があった。年表を見ると唐の景福２年が癸丑の干支にあたり、この墓の実年代を知ることができた。

㉜浙江省博物館、杭州市文物管理委員会「浙江臨安晩唐銭寛墓出土天文図及“官”字款白瓷」，『文物』1979年12期。

㉝明堂山考古隊「臨安県唐水邱氏墓発掘報告」，『浙江省文物考古所学刊』1981年。

㉞王処直墓は西燕川村にあり、墓所自身が定窯の西燕川区の範囲内に含まれ、定窯の中心窯場であった澗磁村は東に10キロと離れてはなかった。この墓はすでに２度の盗掘に遭い、1995年、

省の文物研究所によって緊急発掘が行われた。報告は河北省文物研究所、保定市文物管理処『五代王処直墓』、文物出版社、1998年。
㉟江蘇省文物管理委員会「五代――呉大和五年墓清理記」、『文物参攷資料』1959年3期。
㊱石谷風、馬人権「合肥西郊南唐墓清理簡報」、『文物参攷資料』1958年3期。
㊲前熱河省博物館籌備組「赤峰県大営子遼墓発掘報告」、『考古学報』1956年3期。
㊳1996年から97年にかけて、澗磁村付近の古墓群は深刻な破壊をうけ、多くの墓で盗掘が行われた結果、貴重な文化財が大量に流出した。現地の文化財、公安当局は盗掘を全面的に制止する一方、出土品の調査、回収を行ったが、ほとんどのものはすでにどの墓にあったものか確認できない状態であった。そのなかで盗掘の被害にあっていない晩唐墓1基があり、極めて珍しいことに20余件もの精美な白瓷が出土している。
㊴王長啓等「西安火焼壁発現晩唐"官"字款白瓷」、『考古与文物』1986年4期。
㊵北京市文物工作隊「遼韓佚墓発掘報告」、『考古学報』1984年3期。
㊶定県博物館「河北定県発現両座宋代塔基」、『文物』1972年8期、〔出光美術館『地下宮殿の遺宝――中国河北省定州北宋塔基出土文物展』、1997年〕。
㊷北京市文物工作隊「順義県遼浄光舎利塔基清理報告」、『文物』1964年8期。
㊸内蒙古自治区文物考古研究所、哲里木盟博物館『陳国公主墓』、文物出版社、1993年。
㊹朝陽地区博物館「遼寧朝陽姑営子耿氏墓発掘報告」、『考古学集刊』第3集、1983年。
㊺遼寧省博物館、遼寧鉄嶺地区文物組「法庫葉茂台遼墓記略」、『文物』1975年12期。
㊻遼寧省博物館文物隊「遼寧北票水泉一号遼墓発掘簡報」、『文物』1977年12期。
㊼馮永謙「遼寧省建平、新民の三座遼墓」、『考古』1960年2期。
㊽北京市文物管理処「近年来北京発現的幾座遼墓」、『考古』1972年3期。
㊾鎮江市博物館「鎮江市南郊北宋章岷墓」、『文物』1977年3期。
㊿李文信「遼瓷簡述」、『文物参攷資料』1958年2期。
㉛㉜同㊽
㉝鄭隆「昭烏達盟遼尚暐符墓清理簡報」、『文物』1961年9期。
㉞北京市文物工作隊「北京西郊百万荘遼墓発掘簡報」、『考古』1963年3期。
㉟北京市文物管理処「北京市通県金代墓葬発掘簡報」、『文物』1977年11期。
㊱遼寧省博物館「遼寧朝陽金代壁画墓」、『考古』1962年4期。
㊲南京市博物館「江浦黄悦嶺南宋張同之夫婦墓」、『文物』1973年4期。
㊳陳定栄「江西吉水紀年宋墓出土文物」、『文物』1987年2期。
㊴1978年、澗磁村からわずか1キロほどの北鎮村で金代の印花模子4件が完全な形で発見された。うち2件には「大定二十四年」、1件には「泰和六年」の紀年刻銘があり、残りの1件は紀年刻銘を欠き、内面右側に「劉家模子」、左側に「何」の文字が刻されていた。大英博物館には「大定二十九年」と「泰和三年」の2件、デイヴィッド財団には、「大定二十四年」の1件が所蔵されている。

⑥⓪宋・邵伯温『邵氏聞見録』に次のような記載がある。「仁宗がある日、張貴妃の居館を訪ねると定州の紅瓷器が目にとまった。帝が、どのようにしてその品物を手に入れたかと問い質すと、妃は王拱宸が献上したものと答えた。すると帝は、以前から臣下の贈り物を受け取ってはならないと言い聞かせているのに何故守れないのかと怒り、持っていた柱斧でその紅瓷を打ちくだいてしまった。妃は恥じ入って謝り、しばらくしてようやく帝の怒りもおさまった」。この'定州の紅瓷器'について赤い色の瓷器と理解する意見もあるが、記述が簡略に過ぎて、どのような種類のものを指しているのか特定することはできない。

⑥①同㉓

⑥②陳文増「定窯匣鉢、架支設計芸術及其功用」、『河北陶瓷』1993年3期。

⑥③保阜公路は保定市と阜平県を結ぶ三級公路〔県や市クラスの町をつなぐ一般的な公道〕で、曲陽県内では套里、鉄嶺北、厐家窪、杏子溝、野北などを通り、野北で定阜公路（定州-阜平）とつながっている。

⑥④河北省邢窯研究小組「邢窯工芸技術研究」、『河北陶瓷』1987年2期。

⑥⑤『重修曲陽県志』巻11、金石録のなかに、五代の後周・顕徳4年（957）に建てられた「大周王子山禅院長老（敬暉）舎利塔之記」碑文が記録され、立碑者の官職姓名を列記した中に次のようなものがあった。「□□使押衙・銀青光禄大夫・検校太子賓客・兼殿中侍御史・充龍泉鎮使鈐轄・瓷窯商税務使〔以上官職名〕馮翱〔人名〕」。五代時期の定窯の生産規模が相当な域に達していたことがうかがえ、だからこそ龍泉鎮使である馮翱に瓷窯商税務使を兼任させ、定窯瓷器の売買にかかる税金の徴集にあたらせる必要があった。

⑥⑥同㉞

⑥⑦同㉛

⑥⑧1974年に曲陽北鎮で白瓷鉢1件が出土し、その胎釉や形は霊寿県の景福2年墓出土の2件の「官」字銘の白瓷鉢と完全に同工であったが、1983年に出版された『中国陶瓷・定窯』では五代とされている。同じく曲陽県から出土した「新官」銘の白瓷盤は、器形、大きさともに浙江臨安の銭寛墓の出品と同じで、この盤もやはり五代とされている。薄く丁寧な作りの例は五代とする伝統的な見方が反映していることは明らかで、そうした観点は1960年の定窯遺跡の発掘による編年観の影響が大きい。

⑥⑨王莉英「茶文化与陶瓷茶具」、『中国古陶瓷研究』第4輯、1997年9月。

⑦⓪孫機、劉家琳「記一組邢窯茶具及同出的瓷人像」、『文物』1990年4期。

⑦①唐代の金銀器の製作は大きく'行作'と'官作'に分けられ、後者が主要なものであった。'行作'とは民間の金銀行〔業者〕の工匠によって製作されたもので、その品質は官営のものに比べ劣っていた。'官作'とは少府監の下属部署、中尚署が管轄する金銀作坊院での製作を指す。中・晩唐期には文思院という機構が設置され、宮廷で必要とされる金銀犀玉の精巧な細工物や、金彩や描絵の華やかな装飾はそこで製作された。1988年に陝西省扶風の法門寺の地下埋納施設で大量の金銀器が発見されたが、刻銘のいくつかには「文思院」の文字が含まれてい

た。法門寺は唐代の著名な仏教寺院であり、皇室とも密接な関係をもっていた。これらの金銀器も文思院が宮廷に向けて製作し、その後皇室が法門寺に奉納し、地下に埋納されたものと考えられる。

(72)張東「唐代金銀器対陶瓷造型影響問題的再思考」,『上海博物館集刊』第８期，上海書画出版社，2000年12月。

(73)同㉝

(74)同㊶

(75)「梵網経」によれば、大乗仏教の僧が乞食行脚の時に随身携帯すべきものとして次の18種が定められている。１.楊枝、２.澡豆〔洗濯用の豆の粉〕、３.三衣〔所有を許された３種の衣〕、４.浄水瓶、５.鉢、６.座具〔布製の敷物〕、７.錫杖、８.香炉、９.漉水嚢〔水をこす袋〕、10.手巾、11.刀子、12.火燧〔火打ち石〕、13.鑷子〔毛抜き〕、14.縄床〔縄製の折畳み椅子〕、15.経巻、16.戒本（梵網経）、17.仏像、18.菩薩像（文殊・弥勒）。以上のものを総称して‘十八物’と呼ぶ。

(76)同㊵

(77)同㊷

(78)同㊹

(79)同㊻

(80)江蘇省蘇州の雲岩寺塔は後周の顕徳６年（959）に着工、北宋の建隆２年（961）に完成している。その時期はまさに呉越国が中原王朝に越州窯の秘色瓷器を大量に進貢していた期間であり、江南の完成された美しい青瓷の数々は華北の陶瓷に極めて大きな影響を与えることとなった。

(81)陶瓷史の方面から宋代陶瓷史の全体像を俯瞰する場合、まず数種の瓷窯体系に分類することが一般的な方法で、各窯系の区分は主に陶芸技術、釉色、器形、文飾などの異同が基準とされる。こうした方法で提唱されたのが六大窯系で、華北の定窯系、耀州窯系、鈞窯系、磁州窯系、江南の龍泉窯系、景徳鎮の青白瓷窯系からなる（前注㉘『中国陶瓷史』第６章）。また七大窯系という案も提出されている（建窯系が加わる。葉喆民『中国陶瓷史綱要』第10章，軽工業出版社，1989年）。

(82)吉林省博物館、哲里木盟文化局「吉林哲里木盟庫倫旗一号遼墓発掘簡報」,『文物』1973年８期。

(83)同㊼

(84)『新唐書』五行志

(85)妙済浩、薛増福「河北曲陽県定窯遺址出土印花模子」,『考古』1985年７期。

(86)北京大学考古系、河北省文物研究所、邯鄲地区文物保管所『観台磁州窯址』，文物出版社，1997年。

(87)蓮花のモチーフはおおよそ周代の頃に始まる。サンフランシスコ・アジア美術館のブランデージ・コレクションには西周晩期の青銅器、‘梁其壷’が収蔵されているが、その蓋の上には蓮弁状の透し飾りが作られている。同じような装飾は湖北省京山から出土した春秋早期の「曽仲斿父壷」の蓋にも見ることができる。これらは蓮弁文の雛形ともいえる初現的な例で、写実性

を欠いた表現は、西周中晩期から春秋早期の青銅製の食器や酒器に流行した波曲状の山文（環帯文）が変化したものと思われ、やや抽象的な部類の文様といえる。春秋中晩期になると青銅器上の蓮の意匠にも写生的な表現が見られるようになる。1923年に河南省の新鄭から出土した「蓮鶴方壷」はその代表的な作例といえる。

88 同54

89 同55

90 同56

91 同23

92 熊寥『陶瓷美学与中国陶瓷審美的民族特徴』、浙江美術学院出版社、1989年。

93 宋伯胤「磁州瓷的画与詩」、『考古与文物』1987年3期。

94 鄧白「略談我国古代陶瓷的裝飾芸術」、『中国古陶瓷論文集』、文物出版社、1982年。

95 蔡玫芬「論 '定州白瓷器、有芒不堪用' 句的真確性及12世紀官方瓷器之諸問題」、『故宮学術季刊』台北、第15巻、1998年。

96 同28

97 98 河北省社会科学院地方史編写組『河北簡史』、河北人民出版社、1990年9月。

99 肖舟「緙絲趙佶木槿花図」、『中華文物鑑賞』、江蘇教育出版社、1990年8月。

100 劉世枢「定窯考古札記」、1997年中国古陶瓷年会論文（未刊稿）。

101～103 馮永謙「'官' 和 '新官' 字款瓷器之研究」、『中国古代窯址調査発掘報告集』、文物出版社、1984年。

104 李文信「遼瓷簡述」、『文物参攷資料』1958年2期。

105 同100

106 107 高至喜「長沙出土唐五代白瓷器的研究」、『文物』1984年1期。

108～110 同33

111 江松「再論越窯対定窯的影響」、『上海博物館集刊』第8期、2000年12月。

112 赤峰、大窩鋪の遼代晩期の墓からも「官」銘の白瓷が出土しているが、作風から早期の作品と考えられる。鄭隆「赤峰大窩鋪発現一座遼墓」、『考古』1959年1期。馮永謙、前注100。

113 1974年に曲陽県北鎮村から出土した1件の白瓷鉢は、胎、釉、器形共に霊寿県の景福2年墓から出土した2件の「官」銘の白瓷鉢と全く同じものではあるが、1983年に刊行された『定窯』（中国陶瓷）、〔前注23〕では五代とされている。もう1件やはり曲陽県から出土した「新官」銘の輪花盤があり、形や寸法は浙江臨安の銭寛墓の出土品と同じではあったが、この例も同書では五代とされている。薄く軽い鋭気に溢れた形の作例を五代と判断する伝統的な見方の一端をうかがうことができる。こうした見方は明らかに1960年の定窯遺跡の発掘で示された編年に影響されたものであった。

114 同100

115～117 同100

⑱同㉓
⑲銘文の解読のために、筆者は中国社会科学院民族研究所の劉鳳翥先生に手紙で尋ねたが、先生からは返信の中で詳細な回答を頂いた。引用文はその原文。
⑳同㉓
㉑同㉘
㉒河北省邢窯研究組、華南海「邢窯造型、装飾的研究与探討」、『河北陶瓷』1987年2期。
㉓孟繁蜂、杜桃洛「井陘窯遺址出土金代印花模子」、『文物春秋』1997年増刊。
㉔同㊻
㉕孟躍虎「介休窯白瓷品質」、『中国古代白瓷国際学術討論会』論文稿、2002年10月。
㉖同㉘
㉗形式延続の概念については、趙宏『中国古代仿古瓷』、北京図書館出版社、1997年5月。
㉘清・文淵閣本『四庫全書』子部、雑家類。〔別伝には「郭君宝」を「郭均宝」とするもの、また「皆く滑口」を「青口に比すれば」とするものがあり、口縁の無釉の形容とも解されている〕
㉙文献で言及されている「御土窯」について馮先銘氏は、「元代にもっぱら宮廷に向けての焼造を行った御窯廠」のことと解釈している。また韓国新安冲の沈没船からの引き揚げ品について「定窯タイプの印花文大盤があるが、'至正直記'が言う御土窯製の径尺の肉碟とはこのような類を指しているのではなかろうか」との見解を述べている。前注㉓参照。
㉚同㉗
㉛㉜耿宝昌『明清瓷器鑑定』、紫禁城出版社、両木出版社、1993年。
㉝藍浦『景徳鎮陶録』、清・嘉慶；翼経堂刊本。
㉞『中国近代手工業史資料』第2巻。
㉟故宮博物院編『故宮蔵伝世瓷器真贋対比、歴代古窯址標本図録』、紫禁城出版社、1988年。
㊱『曲陽県志』清・光緒30年本。

〔著者紹介〕
王　莉英
　1938年生。北京人。北京故宮博物院研究館員。国家文物鑑定委員会委員、中国古陶瓷学会常務副会長、秘書長。
　主要論著：「五彩・斗彩」「瓷器収蔵与・鑑定」「宋瓷的装飾芸術」「紅釉瓷器考」「中国陶瓷大全・明代巻」等。

穆　青
　1954年生。河北人。河北省文物出境鑑定中心副主任、研究館員。国家文物鑑定委員会委員、中国古陶瓷学会副秘書長、河北省文物鑑定委員会秘書長。
　主要論著：「定瓷芸術」「明代民窯青花」「清代民窯彩瓷」「青瓷・白瓷・黄釉瓷──試論河北北朝至隋代瓷器的発展演変」「元明青花辺飾研究」等。

〔訳者紹介〕
富田哲雄
　1951年生。東京教育大学教育学部芸術学科卒。
　専攻：中国陶磁史
　主要論著：『陶俑』（「中国の陶磁」2　平凡社）、「宋・元の日月壷について」（「東洋陶磁」20・21号）

〔資料提供〕　北京故宮博物院
　　　　　　台北故宮博物院
　　　　　　首都博物館
　　　　　　上海博物館
　　　　　　吉林省博物館
　　　　　　河北省博物館
　　　　　　河北省文物保管所
　　　　　　定州市博物館
　　　　　　定窯遺跡文物保管所
　　　　　　曲陽県文物保管所
　　　　　　正定県文物保管所
　　　　　　涞水県文物保管所
　　　　　　崇礼県文物保管所
　　　　　　臨安県文物保管所
　　　　　　江陰市博物館
　　　　　　常州市博物館
　　　　　　内蒙古文物考古研究所
　　　　　　大英博物館
　　　　　　ディビッド財団
　　　　　　サンフランシスコ・アジア美術館
　　　　　　ネルソン美術館
　　　　　　東京国立博物館
　　　　　　大阪市立東洋陶磁美術館
　　　　　　陳文増

〔翻訳監修〕　吉良文男
〔ブック・デザイン〕柴永事務所（前田眞吉）

定窯瓷──中国名窯名瓷シリーズ　6

2009年1月20日　初版印刷
2009年2月10日　初版発行

著　者　王　莉英　穆　青
訳　者　富田哲雄
発行者　黒須雪子
発行所　株式会社 二玄社
　　　　東京都千代田区神田神保町2-2
　　　　〒101-8419
営業部　東京都文京区本駒込6-2-1
　　　　〒113-0021
電話：03(5395)0511　FAX：03(5395)0515
URL http://nigensha.co.jp
DTP：ダイワコムズ
製版・印刷・製本：深圳雅昌彩印

ISBN978-4-544-02306-0　C0371